Es liegt in deiner Hand

Aufsätze über die Praxis buddhistischer Achtsamskeitsmeditation

Gil Fronsdal

Übersetzt von Ursula Berg-Lunk und Ronald Hechenberger

Inhalt

	Einführung: Es liegt in deiner Hand	5
I	Die vier edlen Wahrheiten	9
II	Intoleranz dem Leiden Gegenüber	23
III	Die Praxis der Achtsamkeit	29
IV	Wie Achtsamkeit funktioniert, wenn sie nicht funktioniert	34
V	Die Stürme des spirituellen Lebens	38
VI	Praxis mit Herz	42
VII	Karma	45
VIII	Freigebigkeit	50
IX	Die Praxis der Freigebigkeit	54
X	Tugend: Die fünf Weisungen	58
XI	Eine kurze Einweisung in die Meditation	64
XII	Achtsamkeit des Atmens	69
XIII	Der Körper im Mittelpunkt: Achtsamkeit des Körpers in der Praxis— Anweisungen des Buddha	73
XIV	Achtsamkeit der Gefühle	82
XV	Achtsamkeit der Gedanken	88
XVI	Achtsamkeit der Absichten	92
XVII	Naturforscher	99
XVIII	Im Einklang mit der Natur	103
XIX	Ärger	108
XX	Angst	113
XXI	Metta	121
XXII	Eine kurze Einleitung zur Liebende-Güte Meditation	125

XXIII	Mitgefühl: Dem Leid ohne Widerstand gegenüberstehen	129
XXIV	Geduld	132
XXV	Die Vollendung der Weisheit	137
XXVI	Sammlung	142
XXVII	Empfängliche Achtsamkeit	147
XXVIII	Erwachen—Achtsamkeit befreit	151
XXIX	Zuflucht nehmen	154
XXX	Das Juwel der Gemeinschaft	157
XXXI	Fragen als Übung der Praxis	162
XXXII	Antwort auf Tragödie	167
	Anhang I Theravada – Der Weg zur Freiheit	172
	Anhang II Das Einsichtsmeditations-zentrum der San Franzisko Halbinsel	195

Einführung

Es liegt in deiner Hand

Es war einmal, vor langer, langer Zeit, als die Menschen noch barfuß umhergingen, eine Königin, die sich an einem scharfen Stein den Fuß verletzte, als sie über ein steinernes Feld ging. Ärgerlich ließ sie alle Minister zu sich kommen und befahl ihnen das ganze Königsreich mit Leder wie mit einem Teppich auszulegen. Ein kluger Minister trat hervor und schlug eine bessere Lösung vor. „Anstatt das ganze Reich zu bedecken, sollten wir die Fußsolen aller Menschen bedecken." Die Königin stimmte zu, und so wurde die Idee der Schuhe geboren.

So unpraktisch es ist, ein ganzes Land mit Leder zu belegen, um die Füße zu schützen, so unpraktisch sind manche Versuche der Menschen, ihr Leben vor der Welt zu behüten. Viel effektiver ist es zu lernen, mit jedem direkten Kontakt zur Welt umgehen zu können.

In den Lehren des Buddha ist es die Achtsamkeit, die uns zu diesem Berührungspunkt führt. Achtsamkeit hat zur Folge, daß man weiß, was in jedem Moment der Gegenwart geschieht, während es geschieht. Sie übt den Geist darin, sich weder in Gedanken zu verlieren, noch in Überzeugungen und Reaktivität. Sie ist auch eine Übung, die Dinge zu sehen wie sie wirklich sind, und nicht in einem Zerrspiegel vorgefaßter Ideen und Interpretationen.

Wie die Schuhe, so beschützt uns die Achtsamkeit. Aber Schuhe können uns nur vor der Außenwelt, d.h. vom Boden beschützen. Die Achtsamkeit bewahrt uns sowohl vor unserer inneren wie auch vor unserer äußeren Welt. Wir sind vor der Außenwelt sicher, weil wir sie klarer erkennen, und vor beiden Welten, weil wir achtsam, aufmerksam und scharfsinnig sind in unseren Reaktionen. Achtsamkeit stärkt unsere Fähigkeit, schädliche Impulse zu vermeiden und konstruktiv zu handeln.

Die Übung der Achtsamkeit ist also eine Übung im Aufspüren des Berührungspunkts. Anders gesagt, ist es die Suche nach dem „was in unserer Hand liegt". Mir gefällt dieser Ausdruck, weil die Idee der Hand das nahelegt was, wie ein greifbares Objekt, direkt gesehen und gefühlt werden kann.

Auch wenn wir viel Zeit damit verbringen, die Zukunft vorauszunehmen, ist was zur Hand liegt nicht das zukünftige Geschehen, sondern das was in der Gegenwart spürbar ist—die unmittelbaren körperlichen und psychischen Gefühle von Sorge oder Aufregung. Wenn wir uns in Träumereien verlieren, könnte was zur Hand liegt die körperliche Empfindung von Langeweile sein, die das Erfinden der Geschichten verursacht. Bei einer ärgerlichen Auseinandersetzung finden wir den springenden Punkt nicht im Wiederaufwärmen vergangener Mißlichkeiten oder in der beharrlichen Verurteilung des Anderen. Vielmehr finden wir ihn darin, daß wir das Gespräch in den Gefühlen beider Partner verankern. Das soll nicht heißen, daß wir über die Vergangenheit nicht nachdenken sollten, doch ist es wichtig den Kontakt nicht zu verlieren zu uns selbst und zum anderen Menschen.

Die Suche nach dem was zur Hand ist, ist die Suche nach dem was uns am Nächsten liegt, nach dem was in diesem Augenblick unmittelbar gesehen, gehört, gerochen, geschmeckt, gefühlt und gedacht wird. Manchmal ist das Naheliegendste unsere Einstellung zu direkter Erfahrung. Wenn ich mit Kindern Achtsamkeit übe, halte ich manchmal eine kleine Glocke in der Hand. Zuerst packe ich sie ganz fest und zeige ihnen, daß die Glocke, wenn man sie dann anschlägt, nur ein dumpfes Geräusch macht. Dann balanciere ich das Glöckchen auf der flachen Hand, ohne sie festzuhalten. Wenn ich es dann anschlage, klingt es hell und schön.

Wenn das Festhalten als das Naheliegendste erkannt wird, sollten wir ganz genau beachten woran wir uns klammern. Damit wird eine der Grundaufgaben der Achtsamkeit erfüllt, nämlich uns zu helfen dieses Festhalten aufzugeben. Es ist durchaus möglich, dass unser direkter Kontakt mit uns selbst und unserer Umwelt nicht durch das umklammernde Festhalten charakterisiert ist. Zu jeder Zeit können wir die geschlossene, klammernde und widerstrebende Hand entspannen. Und vielleicht können wir diese unsere Erde mit derselben Zartheit und Zärtlichkeit berühren wie der Buddha, als er hinunterreichte und die Erde berührte in der Nacht seiner Erleuchtung.

Das Buch in deiner Hand ist eine Sammlung von Aufsätzen und redigierten Vorträgen über die buddhistische Achtsamkeitspraxis. Viele dieser Kapitel begannen als Vorträge in den Montagabend oder Sonntagmorgen Meditationsstunden unseres Insight Meditation Centers auf der Halbinsel von San Franzisko. Einige wurden speziell zur Veröffentlichung in buddhistischen Journalen, Zeitschriften oder Mitteilungsblätter geschrieben.

Dieses Buch ist eine Darstellung des Dharma. So wie der Sinn in ein Restaurant zu gehen nicht im Lesen der Speisekarte liegt, sondern im Essen, so liegt der Sinn eines Dharma-Buches nicht nur im Lesen oder sogar im Verstehen. Meine Hoffnung ist, daß diese Lehren eine Ermutigung sind, das was in deiner Hand liegt direkt zu untersuchen.

I

Die vier edlen Wahrheiten

Dies allein ist der Weg.
Für die Läuterung der Einsicht gibt's keinen anderen.
Folge ihm
Und du wirst Maras Absicht durchkreuzen.
Folge ihm
Und du wirst dem Leiden ein Ende setzen.
Dhammapada 274-275

Einst weilte der Erhabene in Kosambi in einem kleinen Wald. Da nahm der Erhabene ein paar Blätter in die Hand und sprach also zu seinen Bhikkhus: „Was meint ihr, Bhikkhus, was ist zahlreicher, diese Blätter, die ich aufgehoben habe, oder die in diesem Wald?"

„Ehrwürdiger, die Blätter in der Hand des Erhabenen sind nur wenig, aber die in dem Gehölz sind unzählig."

„So auch, Bhikkhus, sind die Dinge, die ich direkt erfahre euch aber nicht gelehrt habe, viel zahlreicher als die Dinge, die ich euch lehrte. Und warum, Bhikkhus, habe ich nicht alle Dinge gelehrt? Weil sie unheilsam und unwichtig sind für die Grundlagen des heiligen Lebens...und nicht zum Frieden führen..."

Samyutta Nikaya V.437-438

Wie diese *Sutta* zeigt, lehrte der Buddha nur einen kleinen Teil von allem was er wusste. An anderer Stelle sagte er: „Ich lehre nur eins, nur das allein, Leiden und das Ende des Leidens." Das ist eine der einfachsten Definitionen buddhistischer Praxis, und sie besagt, dass es uns allen möglich ist, von einem Zustand des Leidens zur Freiheit von Leid zu kommen. Von hier aus wird es uns möglich, der Welt offen und einfühlsam zu begegnen.

Unsere Tradition ist sehr einfach. Für manche mag sie sogar ärmlich erscheinen—nur eine Handvoll Blätter. Nicht alle Blätter an allen Bäumen des Waldes werden ein Teil der Lehre. Doch würde uns der Versuch, alle diese unzählbaren Blätter zu betrachten, nur in die

Irre führen. In der Theravada Tradition liegt der Fokus auf dem Verstehen des Leidens und wie man sich von ihm befreit und glücklich wird. Was wir wissen müssen um frei zu werden, ist in der Tat nicht viel.

In seiner ersten Predigt, „das Drehen des Dharma Rades", erklärte der Buddha das Leiden und das Ende des Leidens in der Form der vier edlen Wahrheiten. Nach mehr als 2500 Jahren sind sie uns als Kern der buddhistischen Lehre überliefert. In fast allen Traditionen des Buddhismus gelten die vier edlen Wahrheiten als die zentralen Lehren. Verstandesmäßig sind sie leicht zu begreifen, doch soll ein tiefes Verstehen der vollen Wirkung dieser vier Wahrheiten nur dem möglich sein, dessen Befreiung völlig gereift ist.

Um die vier edlen Wahrheiten zu formulieren, bediente sich der Buddha eines medizinischen Modells. Die Ärzte seiner Zeit versuchten als Erstes ein Problem zu erkennen, seine Ursache zu definieren, eine Heilungsprognose aufzustellen und dann eine Behandlung anzuordnen. Der Buddha übernahm diese Formel in der Beschreibung der vier edlen Wahrheiten:

1. Es gibt Leiden in der Welt.
2. Die Ursache des Leidens ist die Begierde.
3. Die Möglichkeit, das Leiden zu beenden, existiert.
4. Das Ende des Leidens kann durch den edlen achtfachen Weg erreicht werden.

Es ist sicher von Bedeutung, dass der Buddha ein medizinisches Modell wählte, denn damit konnte er jede Metaphysik vermeiden. Die Religionen der Welt sind oft durchtränkt von metaphysischen und kosmologischen Glaubenssätzen, die von den Anhängern akzeptiert werden müssen, wenn der Rest des Systems einen Sinn haben soll. Doch der Buddha wusste, dass metaphysische Spekulationen dem Verstehen von der Befreiung vom Leid nicht förderlich sind. Er ging jedem Dogma aus dem Weg. Er gab uns Übungen und Einsichten, die wir selbst nachvollziehen können, nicht Doktrine an die wir glauben sollen. Das ist die Brillanz der vier edlen Wahrheiten; sie zeigen uns den Weg zu einem spirituellen Leben ohne die Notwendigkeit an überirdischen Glaubenssätzen zu hängen.

Die Wahrheit des Leidens

Die erste edle Wahrheit stellt einfach fest, dass es Leiden gibt in der Welt. Das heißt aber nicht, dass „Leben Leiden ist". Dass es Leiden gibt, scheint keine sehr scharfsinnige Feststellung zu sein, denn das Leiden ist eine Voraussetzung des Menschseins. Schmerz ist ein Teil des menschlichen Lebens. Wir stoßen uns die Zehen an, und es tut weh, oder der Rücken ist verkorkst. Selbst der Buddha war gegen körperliches Leid nicht gefeit; manchmal lehnte er wegen seiner Rückenschmerzen ab ein Lehrrede zu halten. Auch seelischer Schmerz ist unvermeidbar, wenn wir der Welt gegenüber offen sind. Manchmal trifft das Leiden der Menschen in unserer Umwelt uns dann selbst, weil wir Mitgefühl mit ihnen haben. Ein Teil des menschlichen Daseins ist, mit anderen in Beziehung zu stehen und mit ihnen zu empfinden.

Jedoch ist dieser Schmerz nicht das Leiden, vom welchem der Buddha uns befreien wollte.

Im Kontext der vier edlen Wahrheiten können wir zwischen vermeidbarem und unvermeidbarem Leiden unterscheiden. Das vermeidbare Leiden wird erzeugt, wenn wir auf unsere Erfahrung negative reagieren—uns zum Beispiel ärgern über die nicht vermeidbaren Schmerzen, oder uns an vergängliche Freuden hängen. Wenn wir an körperlichen Schmerzen oder einer Krankheit leiden, ist es leicht in einen Zustand der Selbstanklage zu geraten: „Was habe ich wohl falsch gemacht, dass ausgerechnet mir das passiert." Wir klagen uns selbst an oder schieben anderen die Schuld zu. Das viele Leid der Welt macht uns ärgerlich, traurig oder deprimiert. Wenn wir mit Abneigung oder Festklammern, Rechtfertigung oder Verurteilung reagieren, fügen wir weiteres vermeidbares Leiden dazu und machen dadurch unser Leben schmerzhafter und komplizierter. Es ist jedoch möglich, die unvermeidlichen Schmerzen des Lebens in einer einfachen, unkomplizierten Weise zu empfinden. Wenn man sich einem Schmerz nicht entziehen kann, wird das Leben viel einfacher, wenn man sich nicht dagegen sträubt.

Die Lehre der vier edlen Wahrheiten verspricht uns also keine Erleichterung vom unvermeidbaren Leid des Menschseins. Das Leiden, welches die vier edlen Wahrheiten ansprechen, betrifft jenes Leiden oder jenen Stress, die unserer Reaktion auf diese Erfahrung erwachsen. Es ist schmerzhaft, uns an etwas festzuklammern. Es ist auch schmerzhaft, unsere Erfahrung auf Distanz zu halten und wegzuschieben. Und das Festhalten und Abwehren tun wir auf alle möglichen Arten und Weisen.

Wenn wir mit den vier edlen Wahrheiten arbeiten wollen, müssen wir uns ganz intensiv mit unserem Leiden beschäftigen. In den alten Texten steht, dass niemand dem buddhistischen Weg nahe kommt ohne das Leiden. Von einer buddhistischen Perspektive ist das Erkennen des Leidens heilig; es verdient Respekt. Wir müssen es studieren, müssen es gut kennenlernen, so wie wir hoffen, dass die Ärzte unsere Krankheiten ernst nehmen. Wenn in unserem Leben das Leiden gewaltig ist, haben wir eine starke Motivation, es sorgfältig zu studieren.

Aber nicht alles Leiden ist sehr groß. Was wir von unseren mehr nuancierten Schmerzen lernen können, hilft uns, das tiefere Leid in unserem Leben zu verstehen. Es ist also wichtig, auch die geringeren Probleme unseres Lebens genau zu beobachten—den Frust im Stau, die Irritation den Mitarbeitern gegenüber.

Wir können unser Leiden genau studieren, indem wir achtgeben, wo and wie wir versuchen etwas festzuhalten. Der Buddha nannte vier verschiedene Arten des Festhaltens, um uns zu helfen unser Leiden und seine Ursachen zu verstehen. Die Rubrik, die wir in der westlichen Welt wahrscheinlich am leichtesten aufgeben können, ist die Bindung an spirituelle Praktiken und

Sittenlehren. Es ist möglich, uns an unsere Meditationspraxis zu hängen, weil wir hoffen, vom Leiden erlöst zu werden. Wir hängen vielleicht an den Regeln spiritueller Praxis, weil wir denken, dass nichts Anderes von uns verlangt wird als einfach den Regeln zu folgen. Oder wir versuchen, mit unserer Meditationspraxis eine spirituelle Identität zu erschaffen. Vielleicht auch hängen wir an unserer Praxis um dem Leben zu entfliehen, oder wir hängen uns an Gebote und Sittenlehren, weil wir Schutz und Sicherheit suchen. Manchmal glauben wir, dass der buddhistische Weg so wunderbar ist, dass wir versuchen andere zu bekehren. Das Hängen an spiritueller Praxis bringt nur Leiden für uns selbst und Unbehagen für Andere.

Die zweite Kategorie des Festhaltens ist das Hängen an Ansichten. Dazu gehören alle Meinungen, Einstellungen und Urteile, die wir uns bilden. Sie können uns mächtig im Griff halten und einen großen Einfluß haben auf die Art, wie wir die Welt wahrnehmen. Wir sind überzeugt, dass unsere Ansichten richtig sind und basieren unser ganzes Handeln darauf, und nur wenige von uns stellen das in Frage. Doch viele unserer Gefühle entstehen aus voreingenommenen Meinungen; selbst die Idee unseres Selbsts kann darauf aufgebaut werden.

Ein klassisches Beispiel, das zeigt wie Sichtweisen Gefühle verursachen, ist wie wir reagieren, wenn jemand zu einer Verabredung nicht erscheint. Ein Zusammentreffen war ausgemacht, man wartet in der Kälte an einer Straßenecke und niemand kommt. Das ist eigentlich alles. Aber zu dieser einfachen Tatsache erfinden wir oft eine ganze Geschichte: diese Person respektiert mich nicht—und mit diesem Urteil steigt schon der Ärger in uns hoch. Nicht weil wir hier vergeblich warten, sondern weil wir auf unsere Geschichte fixiert sind, die vielleicht gar nicht wahr ist. Es könnte ja auch möglich sein, dass der Andere einen Unfall hatte und im Krankenhaus gelandet ist. Wir müssen uns klar machen, was nur Interpretation und Vermutung ist, und dürfen sie nicht zu ernst nehmen, für den Fall, dass sie sich dann als falsch erweisen. Sogar wenn sie doch wahr sein sollten, ist es wichtig, dass wir uns überlegen, wie wir so weise wie möglich handeln können und uns auch nicht einmal an diese Wahrheit klammern.

Die dritte Kategorie des Festhaltens ist, sich an die Idee eines Selbst zu hängen. Wir basteln uns eine Identität zurecht und halten daran fest. Die Konstruktion einer Identität oder Selbstdefinition ist eigentlich die Konstruktion einer Anschauung. Es wird „meine Geschichte", und wir klammern uns daran, anstatt die Dinge zu sehen wie sie sind. Ein Selbstbild aufrechtzuhalten und zu verteidigen kann viel Mühe kosten, und kann dazu führen, dass wir uns ständig Gedanken machen, ob wir auch richtig sprechen, uns richtig anziehen oder benehmen. Alles wird beurteilt in Bezug auf uns selbst, und das kann uns endlosen Kummer machen.

Die vierte Kategorie des Festhaltens is das Verlangen nach sinnlichen Genüssen, die auch den

Widerwillen gegen Unbehagen und Beschwerden einschließt. In den buddhistischen Texten wird das als Erstes aufgeführt; ich habe es ans Ende gestellt, weil es manche Menschen abstößt. Sinnliche Genüsse an sich sind kein Problem; unser Leben bringt uns viele sinnliche Genüsse. Zum Problem wird es erst, wenn wir uns daran klammern. William Blake drückte es schön aus:

Wer die Freude an sich bindet
Zerstört das flüchtige Leben.
Doch wer die Freude im Fluge küßt,
Lebt im Sonnenaufgang der Ewigkeit.

Wir hängen so gründlich an unseren sinnlichen Genüssen, dass es uns direkt unnatürlich vorkommt, wenn etwas unangenehm ist. Aber unangenehme Empfindungen sind lediglich unangenehme Empfindungen, bis wir eine Geschichte dazu erfinden. Und wenn wir Genuss mit Glücklichsein verwechseln, können wir in eine starke Abhängigkeit geraten. Ein wichtiger Teil der buddhistischen spirituellen Praxis ist die Entdeckung eines Glücks, das nicht an Begehren und Genuss gebunden ist. Mit dieser Einsicht beginnt sich der verführerische Zauber der sinnlichen Genüsse zu lockern.

Die Wahrheit der Ursachen des Leidens

Das Wort *dukkha*, das als Leiden übersetzt wird, steht in naher Verbindung mit dem Wort *sukha*, das Glück bedeutet. Beide haben dieselbe Wurzel: *-kha*, das etymologisch Radnabe bedeutet. *Du-* heißt „schlecht", während *su-* „gut" ist. Etymologisch bedeutet *dukkha* also ein Rad, das sein Gleichgewicht, seinen Schwerpunkt verloren hat.

Die zweite edle Wahrheit sagt aus, dass was uns aus dem Gleichgewicht bringt, was unser Leiden verursacht, heftiges Begehren ist. Auf pali heißt es *tanha*, was wörtlich Durst bedeutet. Es wird manchmal als Wunsch übersetzt, was aber andeutet, dass alle Wünsche zum Problem werden. Was unser Leiden verursacht, ist Verlangen (oder Abneigung), das getrieben oder zwanghaft ist. Von Begierde beherrscht zu sein, bedeutet, dass man zu Erfahrungen oder Dingen getrieben wird, oder auch gezwungen ist, sie von sich zu stoßen. Das Begehren mag subtil oder ausgeprägt sein, aber wenn wir nicht achtsam sind, werden wir nicht merken, wieviel Leiden es uns verursacht.

Im Buddhismus ist der jetzige Moment so ungeheuer wichtig, weil das Leiden *nur* im jetzigen Moment erlebt werden kann. Auch das Begehren, die *Ursache* des Leidens, existiert nur im jetzigen Moment. Wenn die Bedingungen des Leidens auch in der Vergangenheit liegen, geschieht doch der Gedanke oder die Erinnerung daran nur in der Gegenwart. Wir legen soviel Gewicht auf den jetzigen Moment in unserer Praxis, weil wir versuchen, ganz klar zu verstehen, wie sich das Begehren in diesem Moment abspielt. In diesem jetzigen Moment unseres Lebens können wir sowohl die Ursache als auch die Erlösung unseres Leidens finden.

Die Wahrheit über die Beendigung des Leidens

Die dritte edle Wahrheit zeigt die Möglichkeit einer Erlösung vom Leid, eine Beendigung des Leidens. Wenn wir unser Leiden erkennen, und ganz klar verstehen, dass es aus Begehren erwächst, dann wissen wir, dass wir uns von unserem Leid befreien können, wenn wir das Verlangen aufgeben.

Das Wort *Nibbana* oder *Nirvana* bezieht sich auf das Freisein von Leid. Während in der Theravada Tradition *Nibbana* manchmal als großes Glück und Frieden beschrieben wird, ist es doch öfter definiert als das Resultat der völligen Abwesenheit von Anhängen und Begehren. Ein Grund für diese negative Definition liegt darin, daß *Nibbana* so radikal verschieden ist von dem, was in Sprache ausgedrückt werden kann, dass es besser ist, es gar nicht zu versuchen. Ein weiterer Grund ist, dass das Ziel der buddhistischen Praxis nicht von metaphysischen Spekulationen über die Art dieses Ziels verschleiert ist.

Noch ein Grund für die negative Definition ist der Wunsch, eine Verwechslung von *Nibbana* mit anderen spezifischen Zuständen des Daseins zu vermeiden. Wie leicht hängen wir uns an Gefühle von Ruhe, Frieden, Freude und Klarheit, oder strahlendem Licht, die manchmal aus der Meditation erwachsen, aber nicht ihr Ziel sind. Vielleicht glauben wir, dass wir all das brauchen, um die dritte edle Wahrheit zu verwirklichen. Aber wenn wir daran denken, dass das Nicht-Klammern die Erlösung bringt, dann neigen wir weniger dazu, uns an irgendeinen Zustand zu hängen. Häng nicht am Glück. Häng nicht an der Trauer. Häng nicht an Errungenschaften.

Die Wahrheit des Weges, der zum Aufhören des Leidens führt

Alle unsere Anhaftung aufzugeben ist nicht leicht. Genug Verständnis, Mitleid und Achtsamkeit zu entwickeln um so klar zu sehen, dass wir unser Leiden aufgeben können, kann sehr schwer sein. Die vierte edle Wahrheit ist pragmatisch; sie beschreibt in acht Stufen den Weg der zur Befreiung führt. Der edle achtfache Weg gibt uns die Mittel, die uns helfen die Voraussetzung zu schaffen, die spirituelle Reife möglich macht. Hier sind die Schritte:

1. Rechte Erkenntnis
2. Rechte Gesinnung
3. Rechte Rede
4. Rechte Tat
5. Rechter Lebenserwerb
6. Rechte Anstrengung
7. Rechte Achtsamkeit
8. Rechtes Sich-Versenken

Manchmal wird diese Liste der Reihe nach unterrichtet. Die Übenden entwickeln eins nach dem anderen. Sie versuchen, sich zuerst klar zu werden über die rechte Erkenntnis und Gesinnung, um nicht auf ein Nebengleis zu dem einfachen Weg der vier edlen Wahrheiten zu geraten. Dann wird versucht, das Verhalten in der Welt in Ordnung zu bringen, damit es die innere Entwicklung von rechter Anstrengung, rechter Achtsamkeit und rechtem Sich-Versenken unterstützen kann. Aber auch in dieser Reihenfolge-Methode werden die Übenden nicht jeden Schritt vollenden, bevor sie zum Nächsten gelangen. Die Praxis folgt vielmehr einer Spirallinie, wobei man ständig zum Ausgangspunkt zurückkehrt, mit immer größerer Tiefe.

Eine andere Betrachtungsweise ist, diese Liste nicht als Reihenfolge zu sehen, sondern die acht Stufen als acht Aspekte des Wegs zu verstehen, die gleichzeitig entwickelt werden. Sie unterstützen sich gegenseitig und jeder Aspekt bestärkt alle anderen. Die Liste ist umfassend; sie zeigt uns, wie wir alle Bereiche unseres Lebens auf den Weg der Praxis bringen können. Das wird klar, wenn diese acht Stufen in drei Gruppen—Körper, Sprache und Geist—eingeteilt werden. Rechte Tat und Lebenserwerb gehören zu den körperlichen Aspekten, rechte Rede zu dem Verbalen und alle anderen in den Bereich von Geist und Herz.

Manchmal wird der achtfache Weg in die drei Kategorien von Ethik, inneren Übungen und Einsicht (*sila, samadhi* und *pañña*) eingeteilt. In diesem Fall werden die Aspekte der Ethik—rechte Rede, rechte Tat und rechter Lebenserwerb—am Anfang des Wegs unterrichtet. Der Entwicklung von Ethik folgen die inneren Übungen, die Anstrengung, Achtsamkeit und Sich-Versenken einschließen, und zur Entwicklung von Einsicht und Weisheit führen.

Der achtfache Weg beinhaltet eine reichhaltige Welt für unsere Praxis. Ein sorgfältiges Studieren und Vertrautwerden mit allen acht Stufen lohnt Zeit und Anstrengung.

In der *Vipassana* Tradition wird von allen acht besonders die Stufe der Achtsamkeit betont. Das liegt teilweise daran, dass wenn die Achtsamkeit gründlich geübt wird, die anderen Aspekte des achtfachen Wegs auf natürliche Weise folgen.

Achtsamkeit ist auch das Schlüsselelement für die Wandlung zur Freiheit. Die Praxis der Achtsamkeit ist das Gefährt, mit dem die vier edlen Wahrheiten erreicht werden. In der Achtsamkeitspraxis lernen wir auf den jetzigen Moment achtzugeben, damit wir imstande sind, das Aufkommen des Leidens zu erkennen. Wir können es interessiert betrachten, anstatt davor wegzulaufen. Wir können lernen, auch im Leiden gelassen zu sein, und dadurch vermeiden, dass das Unbehagen uns zu unangemessenen Handlungen veranlasst. So wird es uns dann möglich, die Wurzeln des Leidens verstehen zu lernen und das Festhalten aufzugeben.

Alle Lehren des Budddhas sind eine sorgfältige Ausarbeitung der vier edlen Wahrheiten. Wenn wir diese Handvoll Blätter wirklich verstehen, kann das spirituelle Leben unkompliziert und praktisch sein. Wir alle können Freude und Frieden erfahren, wenn wir es nur dazu bringen, uns aus der Umklammerung des Festhaltens zu befreien.

II

Intoleranz dem Leiden gegenüber

Wozu das Gelächter, wozu die Freude
Wenn die Flammen ewig brennen?
Umgeben von Dunkelheit
Solltet ihr nicht das Licht suchen?
Dhammapada 146

Der Buddhismus wird oft als eine Religion der Toleranz gesehen. Was er in vielen Bereichen auch ist. Aber in unserer Praxis entwickelt sich eine ganz bestimmte Art der Intoleranz: die Intoleranz dem Leiden gegenüber. Ich benütze das provozierende Wort „Intoleranz" ganz bewusst, um meine Leser zu ermutigen, das Leiden und alle Probleme, die es mit sich führt, näher zu betrachten.

Das Leiden ernst zu nehmen ist ein wichtiger Aspekt der buddhistischen Praxis, denn wenn wir es unbeachtet lassen, verpassen wir eine wesentliche Gelegenheit, uns damit auseinander zu setzen. Intoleranz dem Leiden gegenüber motivierte den Buddha eine Lösung zu finden. Auch wir werden vom Leiden, von dem Gefühl, dass unser Leben unbefriedigend ist, motiviert einer spirituellen Praxis zu folgen. Der Buddha stellt uns die Aufgabe, uns vom Leiden zu befreien.

Es ist erstaunlich, wie tolerant viele Menschen ihrem Leiden gegenüber sind, besonders dem subtilen Leiden des täglichen Lebens. Wir ignorieren, zum Beispiel, die leichte Nervosität beim Autofahren: wir fahren ein wenig schneller als uns eigentlich behaglich ist, wir ärgern uns über andere Fahrer oder machen uns vielleicht Sorgen über unseren Ankunftsort. Diese kleineren Stressfaktoren häufen sich nach und nach und beeinflussen unseren allgemeinen Gemütszustand.

Auch schwererwiegendes Leiden wird von vielen Menschen einfach akzeptiert. Wir zögern, zum Beispiel, Probleme in unseren Beziehungen zur Sprache zu bringen, weil wir fürchten, dass eine Aussprache nur zu noch größerem Unbehagen führen wird. Oder wir tolerieren ganz passiv existentielle Ängste, wie das Grauen vor dem Tod, ohne diese Angst je genau zu untersuchen, um uns aus ihrem Griff befreien zu können.

Wir erfinden viele Gründe und viele Wege diesen Ängsten auszuweichen. Vielleicht haben wir Bedenken was wohl die Konsequenzen sein könnten, wenn wir unseren Schmerz ganz klar konfrontieren, oder wir werden ihm gegenüber unempfindlich oder abweisend. Wir leugnen oft absichtlich, dass etwas existiert, das uns unangenehm ist.

Manchmal bringen uns Ehrgeiz oder besondere Wünsche dazu, das Leiden zu tolerieren. Oder wir nehmen manches Leid in Kauf, um etwas zu erreichen, das in unseren Augen größer oder wichtiger ist; oder wir sehen es als einen unvermeidlichen Teil des Lebens. Zum Beispiel, wenn wir uns bemühen unser Studium zum Abschluss zu bringen, akzeptieren wir manche Unannehmlichkeiten, weil uns das Ziel wichtiger ist als die momentanen Beschwerden.

Aber nicht immer lohnen sich Kompromisse dieser Art. Wenn wir unsere tiefsten Werte bedenken, kann die Erkenntnis in uns aufsteigen, dass wir Ziele verfolgen, die sich eigentlich nicht wirklich lohnen. Finanzieller Wohlstand kompensiert nicht immer für den jahrelangen Stress, den es kostet ihn zu erreichen.

Schlimme Krisen oder persönliche Tragödien können sehr schwer für uns sein, doch sind sie leichter zu bewältigen, wenn wir Erfahrung haben mit den kleineren Beschwerden des Lebens. Die fast unmerklichen Leiden—beim Autofahren oder dem Umgang mit Kollegen—mögen sehr unwichtig erscheinen. Aber wenn wir den kleinen Verdrießlichkeiten Beachtung schenken, schaffen wir einen Rahmen für größere Gemütsruhe, Frieden und Verantwortlichkeit, und sind dadurch gewappnet, wenn schwerwiegende Probleme auftreten.

Intoleranz dem Leiden gegenüber, im buddhistischen Sinn, bedeutet nicht, dass wir es ablehnen oder bekämpfen. Es bedeutet, dass wir uns damit beschäftigen, nicht auf eine morbide Weise, sondern mit dem Vertrauen, dass ein heiteres und friedliches Leben möglich wird, wenn wir unser Leiden verstehen.

In unserer buddhistischen Praxis erforschen wir die Natur des Leidens, und unsere Beziehung zum Leiden ist vielleicht eines der ersten Dinge, die uns auffallen. Wir entdecken, wie oft wir das Leiden tolerieren, vermeiden oder es in einer uns schädlichen Form akzeptieren.

Vielleicht wird uns bewusst, wie groß unser Widerwillen gegen das Leid ist. Zu versuchen, es aus unseren Herzen zu verdrängen, ist auch eine Art des Leidens. Widerwillen gegen das Leiden erschafft nur neues Leiden.

Womöglich erkennen wir auch, wie das Leiden in unserem Leben funktioniert. Es wird vielleicht zum Beweis oder der Rechtfertigung für eine unangemessene Beurteilung unserer selbst—dass wir, zum Beispiel, schuldig, unzulänglich oder unfähig sind. Uns mit dem Unglücklichsein zu identifizieren, kann unsere ganze Orientierung zur Welt werden. Manchmal identifizieren sich die Menschen ganz als Opfer und wollen von anderen als Opfer behandelt werden. Wir können unser Leiden dazu benutzen, das Verhalten Anderer so zu manipulieren, dass sie uns in einer vielleicht ungesunden, schädlichen Art begegnen.

Unsere Beziehung zum Leiden verändert sich aber, wenn wir willens sind, das Leiden zu untersuchen und es genau anzusehen, ohne direkt darauf zu reagieren. Wir begegnen nun mit einem gesunden Teil unserer Psyche der Erfahrung des Leidens. Anstatt ganz eingehüllt zu sein von unserem Schmerz, verloren in unserem Widerwillen davor, oder ganz davon ausgeschlossen, fragen wir einfach, „Was geschieht hier?" Diese Bewegung, hin zu einer anderen Beziehung zum Leiden, ist ein wichtiger Aspekt der buddhistischen Praxis.

Die Praxis der Meditation hilft Konzentration zu entwickeln. Wenn wir lernen, uns auf etwas Einfaches wie den Atem zu konzentrieren, können wir dem Zwang unserer Bindung die Stärke der Konzentration entgegensetzen. Oft erwächst aus der Konzentration ein Gefühl von Ruhe, Frieden und sogar Freude, und das wiederum beginnt unsere Einstellung zum Leiden zu verändern.

Aber Konzentration ist nur ein Teil der Achtsamkeitspraxis. Achtsamkeit stärkt unsere Fähigkeit, den Ursachen unseres Leidens ehrlich und ruhig zu begegnen. Sie hilft uns zu sehen, dass unser Leiden im gegenwärtigen Augenblick wurzelt. Die Umstände, die das Leiden ins Leben riefen, mögen in der Vergangenheit liegen, und es kann sehr nützlich sein, diese vergangenen Umstände zu verstehen. Aber das Leiden selbst geschieht im gegenwärtigen Augenblick und ist in der Begierde, dem Widerwillen oder der Angst verankert, die auch in der Gegenwart existieren. Wenn es uns gelingt, das Festhalten aufzugeben, löst sich auch das Leiden. Achtsamkeit, verbunden mit Konzentration, erlaubt uns in jeder Minute das Festhalten zu erkennen, das der Kern unseres Leidens ist.

Freude und Intoleranz dem Leiden gegenüber können nebeneinander existieren—sicher nicht Freude am Leiden selbst, aber die Freude daran, unsere Praxis dagegen ins Spiel zu setzen. Wie unsere Toleranz dem Leiden gegenüber langsam schwindet, und wir lernen, ihm mutig entgegenzutreten, so wächst unsere Erkenntnis, dass ein glückliches, friedliches Leben möglich ist.

III

Die Praxis der Achtsamkeit

Achtsam unter den Unachtsamen
Hellwach unter den Schlafenden
Schreitet der Weise vorwärts
So wie ein schnelles Pferd
Ein schwaches hinter sich lässt
Dhammapada 29

In der *Mahaparinibbana Sutta*, den Schriften, in denen die letzten Lehren des Buddha aufgezeichnet sind, fasste der Buddha zusammen, was er in seinem Erwachen entdeckt und während seiner 45 Lehrjahre unterrichtet hatte. Es ist bezeichnend, dass er keine Reihe von Doktrinen oder Glaubenssätzen aufstellt, sondern uns eine Liste von Übungen und geistigen Eigenschaften gibt, die mit dem spirituellen Leben wachsen. Indem er Übungen lehrte anstatt „Wahrheiten", zeigte er uns einen bestimmten Weg, der uns hilft, unser Potential für ein friedliches, mitfühlendes und befreites Leben zu entdecken. In gewissem Sinne lehrt uns die buddhistische Praxis, was jeder von uns im eigenen Herzen und am eigenen Körper als die für uns richtige Wahrheit empfindet, und nicht, was die Tradition, die Schriften oder die Lehrer für wahr halten.

Einsichtsmeditation, oder *Vipassana*, ist eine der Hauptlehren des Buddhas. Sie besteht als lebendige Praxis seit 2500 Jahren. Im Herzen der Einsichtsmeditation liegt die Praxis der Achtsamkeit, die Pflege eines klaren, beständigen und nicht-bewertenden Gewahrseins. Die Achtsamkeitspraxis kann ein äußerst wirksames Mittel sein, dem Druck des alltäglichen Lebens mit Ruhe und Klarheit zu begegnen. Sie ist aber auch der spirituelle Weg, der langsam die Barrieren auflöst, die der vollen Entwicklung der Weisheit, des Mitgefühls und der Befreiung im Wege stehen.

Das Wort *Vipassana* heißt wörtlich „klar sehen". Wenn wir die Eigenschaft des Klarsehens in uns entwickeln, so schaffen wir damit die Möglichkeit, auf unsere Gedanken und Gefühle, so wie sie sind und wie sie in uns aufsteigen, einzugehen. Wir können lernen zu sehen, ohne die Filter von Vorurteil, Kritik, Projektion oder emotionaler Reaktion. Diese Fähigkeit hat auch zur Folge, dass wir das Vertrauen und die innere Stärke entwickeln, mit allen Dingen so zu sein, wie sie sind, und nicht wie wir sie uns wünschen.
Achtsamkeitspraxis bedeutet nicht, dass wir uns *bemühen* sollten, uns zu ändern. Vielmehr ist es die Praxis klar sehen zu lernen, wer wir sind, zu sehen was

in diesem Augenblick geschieht, so wie es sich entfaltet, ohne dass wir uns einmischen. In diesem Prozess kann in uns ein Wandel geschehen, ohne dass wir uns darum bemüht haben.

Die Achtsamkeit stützt sich auf einen wichtigen Aspekt des Gewahrseins; das Gewahrsein selbst kritisiert nichts; es sträubt sich gegen nichts und klammert sich an nichts. Wenn wir uns einfach auf das Gewahrsein konzentrieren, entwickeln wir die Fähigkeit, uns von unseren gewohnheitsmäßigen Reaktionen zu befreien. So können wir beginnen, eine freundlichere, mitfühlendere Beziehung zu uns selbst, zu unserem Leben, und zu anderen Menschen aufzubauen.

Gewahrsein darf aber nicht mit Selbstbeurteilung verwechselt werden, mit der wir unsere Erfahrung kritisieren, wenn sie unseren Meinungen und unserem Selbstbild zuwiderläuft. Wenn, zum Beispiel, während der Meditation Ärger in uns aufsteigt, wäre die kritische Reaktion vielleicht, „Verflixt! Jetzt ärgere ich mich schon wieder. Ich hasse diesen dauernden Ärger in mir." Mit der Achtsamkeitspraxis kultivieren wir ein wertfreies Gewahrsein, das den Ärger erkennt, ohne ihn zu verurteilen; wir sind uns lediglich bewusst—„ich spüre Ärger".

Wenn wir mit Gewahrsein eine schöne Blume betrachten, können wir uns einfach daran freuen. Eine ich-bezogene Reaktion wäre dagegen, „ich will die

Blume behalten, damit es alle sehen, und mich für meinen guten Geschmack bewundern."

Der Grundstein der buddhistischen Praxis und Lehre ist eine dankbare Anerkennung der Gegenwart. Das schließt auch die Erkenntnis ein, dass wir die wunderbarsten Dinge unseres Lebens nur dann erleben, wenn wir uns des gegenwärtigen Augenblicks voll bewusst sind. Für dieses Gewahrsein müssen wir uns Zeit lassen und uns erlauben, dem Moment der Gegenwart gerecht zu werden, damit Freundschaft, Freude, Freigebigkeit, Mitgefühl und Sinn für Schönheit in unserem Leben aufkommen können.

Die Würdigung des gegenwärtigen Augenblicks bringt auch die Erkenntnis mit sich, dass wir ihm unser Vertrauen schenken können, solange er uns ganz gegenwärtig ist. Wenn wir uns rückhaltlos und kritiklos auf das konzentrieren, was der jetzige Moment bringt, dann lernen wir auch angemessen zu reagieren.

Würdigung und Vertrauen sind nicht immer leicht. Ein Teil der buddhistischen Praxis ist herauszufinden, was uns daran hindert, den gegenwärtigen Augenblick zu würdigen und ihm zu vertrauen. Was ist unsere eigentliche Enttäuschung, was ist unser Widerstand, unser Leiden, unser Misstrauen? Wenn solche Gefühlszustände in uns wirksam sind, ist es die Aufgabe der Achtsamkeit, sie klar zu erkennen und sie ohne Bewertung in unserem Gewahrsein zu halten.

Die buddhistische Lehre deutet darauf hin, dass wenn wir das Hindernis entdeckt haben, das unser Leiden verursacht, indem es uns davon abhält, die Gegenwart zu würdigen und ihr Vertrauen zu schenken, dann haben wir auch das Tor zur Freiheit, zum Erwachen gefunden. Es wird uns möglich, mit Offenheit und Vertrauen zu leben, nicht mit Selbstbezogenheit und Selbstkritik und dem damit verbundenen Widerwillen und Stolz. Kein Teil unserer Menschlichkeit wird in der Achtsamkeitspraxis geleugnet. Wir entdecken einen Weg um für alles gegenwärtig zu sein—unserer gesamten Menschlichkeit—und so wird alles zu einem Tor zur Freiheit, zum Mitgefühl und zu uns selbst.

IV

Wie Achtsamkeit funktioniert, wenn sie nicht funktioniert

Wie ein Fisch aus dem Wasser
Auf den hohen Grund geworfen
So wirft sich diese Seele hin und her
Um Maras Geboten zu entkommen.
Dhammapada 34

Wenn man Achtsamkeit übt, kann es hilfreich sein, sich daran zu erinnern, dass die Übung funktioniert, auch wenn es den Anschein hat, dass sie nicht funktioniert. Mit einem Gleichnis lässt sich das vielleicht am Besten erklären.

Stellen wir uns einen Gebirgsbach vor mit ganz klarem Wasser, das ruhig und still scheint. Legen wir aber einen Stock ins Wasser, zeigt sich an der kleinen Strömung, dass der Bach doch fließt. Der Stock wird zu unserem Bezugspunkt, der uns hilft die Bewegung des Wassers einzuschätzen.

Auf ähnliche Weise wird die Praxis der Achtsamkeit zum Bezugspunkt, der uns Aspekte unseres Lebens zeigt, die uns entgangen sein könnten. Das zeigt sich besonders, wenn wir uns in der Meditation auf das Atmen konzentrieren. Wenn wir versuchen, ganz auf den Atem zu achten, merken wir, wie leicht der Impuls der Gedanken uns ablenkt. Wenn wir beim Atmen bleiben können, ist es offensichtlich, dass die Achtsamkeit des Atems funktioniert. Aber die Praxis funktioniert auch, wenn der Versuch, uns auf den Atem zu konzentrieren dazu führt, dass wir uns in einem höheren Grade bewusst werden, was uns vom Atem wegzieht.

Ohne den Bezugspunkt der Achtsamkeitspraxis kann es leicht passieren, dass wir uns der Spannungen, der Zerstreutheit und der Impulse, die in unserem Leben ihr Unwesen treiben, gar nicht bewusst werden. Zum Beispiel, wenn wir viel zu tun haben, können die hektischen Bemühungen alles zu erledigen, uns oft blind werden lassen gegenüber der Unruhe, die sich in Körper und Geist aufbaut. Nur wenn man sich die Zeit nimmt seine Gedanken zu sammeln, kann man sich dieser Gefühle bewusst werden.

Manchmal ist der Versuch, sich auf den Atem zu konzentrieren, der einzige Weg, der uns erkennen lässt, mit welchem Tempo sich unsere Gedanken überschlagen. Wenn man in einem Zug sitzt und die Berge am Horizont betrachtet, merkt man oft gar nicht, wie schnell der Zug fährt. Liegt aber die Aufmerksam mehr in der Nähe, auf den neben den Gleisen schnell erscheinenden und verschwindenden Telefonmasten, wird die Geschwindigkeit des Zugs offensichtlich. Selbst wenn es uns nicht gelingen will, unsere Aufmerksamkeit stetig beim Atem zu halten, so kann doch der wiederholte Versuch zum Atem zurückzukommen, das ans Licht bringen, was sonst unbemerkt bleibt, nämlich die rapiden Impulse unserer Gedanken. Und je schneller das Denken, und je größer die Zerstreutheit, desto mehr wächst das Bedürfnis, zu uns selbst zurückzukommen, zu der Nähe des Atems, der hilft, uns bewusst zu machen, was mit uns geschieht. Dieses Bewusstsein wiederum kann uns von unserer Zerstreutheit befreien.

Es kann sehr entmutigend sein, wenn es uns schwerfällt, während der Meditation konzentriert zu bleiben. Aber diese Schwierigkeiten geben uns die Gelegenheit, den Druck der Gedanken und der Gefühle zu erkennen, die die Ablenkung verursachen. Vergessen wir nicht, dass wir lernen können von Allem was vorgeht, was auch immer es sei—die Übung funktioniert, selbst wenn sie nicht zu funktionieren scheint, selbst wenn es uns nicht gelingt beim Atem zu verweilen.

Aber auch wenn es relativ leicht ist, sich auf den Atem zu konzentrieren, kann die Achtsamkeit zu einem wichtigen Bezugspunkt werden. In diesem Fall ist sie nicht der Bezugspunkt für die starke Wirkung der Ablenkungen, sondern eher für die subtilen Gedanken und Gefühle, die nahe der Wurzel unserer inneren Anliegen und Motivation liegen. Den Gedanken und Gefühlen selbst sollten wir nicht nachgehen. Wir verharren einfach im Bewusstsein ihrer Gegenwart, während wir die Atem-Meditation weiter entwickeln. So kann das Atmen zu einem immer genaueren Bezugspunkt werden. Mit dem Atem als Anker, kann das Herz still und klar werden, wie der Bergsee, in dem man alles sehen kann—bis auf den Grund.

V

Die Stürme des spirituellen Lebens

Durch Bemühen und Aufmerksamkeit,
Genügsamkeit und Selbstbeherrschung,
Kann eine weise Person wie eine Insel werden,
Die keine Flut überwältigen wird.
Dhammapada 25

Es wäre naiv zu erwareten, dass die buddhistische Praxis nur Freude und Frieden mit sich bringt. Realistischer ist es, Freude und Trauer, Frieden und Kämpfe zu erwarten. Wenn die Praxis unser ganzes Leben umfassen soll, meditieren wir zwangsläufig auch in Krisenzeiten, in Zeiten schwerer Verluste oder schmerzlicher Konfrontation mit uns selbst. Es wäre sicher schön, diesen Zeiten mit Gefasstheit, Würde und Weisheit zu begegnen. Aber wenn uns das nicht gelingen will, und wir uns deswegen Vorwürfe machen, verschlimmern wir nur unser Leiden und verhindern das Wachsen unseres Mitgefühls.

Es kann sehr kurzsichtig sein, unsere spirituelle Praxis nach dem Vorhandensein von Freude und

Gemütsruhe zu beurteilen. Wir übersehen dabei eine Reihe von anderen Eigenschaften, die wir entwickeln sollten. Eine Analogie kann das veranschaulichen:

Stellen wir uns zwei Sportlerinnen vor, die zu einer Fahrt über einen See aufbrechen, jede in ihrem eigenen kleinen Ruderboot. Die erste beginnt ihre Fahrt an einem klaren Tag. Der See liegt still und glatt wie ein Spiegel; eine stete Strömung und eine milde Brise im Rücken helfen beim Vorankommen. Jedes Mal, wenn die Ruder ins Wasser tauchen, schießt das Boot vorwärts. Das Rudern ist leicht und vergnüglich. Das andere Ufer ist schnell erreicht, und die Ruderin ist glücklich in dem Gedanken, so geschickt zu sein.

Die zweite Ruderin beginnt ihre Fahrt über denselben See an einem stürmischen Tag. Sie kämpft gegen starke Winde, Strömungen und Wellen. Bei jedem Ruderschlag kommt das Boot um ein Weniges voran, fällt aber beim nächsten um fast dieselbe Länge wieder zurück. Nach einer Riesenanstrengung schafft sie es, das andere Ufer zu erreichen. Aber sie fühlt sich entmutigt und zweifelt am eigenen Können.

Wer würde nicht lieber wie die erste Ruderin sein? Die Zweite jedoch, hat durch die Strapaze Kraft gewonnen. Sie ist durch die Anstrengung stärker geworden und dadurch besser gewappnet für zukünftige Aufgaben.

Ich kenne Menschen, die stolz auf ihre Fertigkeit beim Meditieren sind, weil ihnen die Übung leicht fällt. Und ich kenne auch Menschen, die voller Zweifel an ihren eigenen Fähigkeiten sind, und die sich Vorwürfe machen, wenn ihre Praxis stürmisch verläuft. Wenn man in Krisenzeiten und während großer persönlicher Kämpfe meditiert, bringt das, auch wenn man sein Bestes tut, vielleicht kein spirituelles Hochgefühl. Es kann uns aber etwas bringen, das viel bedeutsamer ist, ein Stärkerwerden der inneren Eigenschaften, die das spirituelle Leben auf die lange Sicht unterstützen: Achtsamkeit, Ausdauer, Mut, Mitgefühl, Bescheidenheit, Entsagung, Disziplin, Konzentration, Vertrauen, Lebensbejahung und Güte.

Eine der wesentlichsten inneren Fähigkeiten, die es in der buddhistischen Praxis zu entwickeln gilt, ist die Achtsamkeit für Vorsätze. Ein Vorsatz ist wie ein Muskel. Wenn wir den gefassten Vorsatz, auch in schwierigen Zeiten achtsam und mitfühlend zu sein, in die Tat umsetzen, ist das ein wichtiges Mittel ihn zu stärken. Das Schöne daran ist, dass auch wenn unsere Bemühungen ungeschickt sind, oder wir ein bestimmtes Ziel nicht erreichen konnten, der „Vorsatzmuskel" doch bei jedem Versuch stärker wird, besonders wenn er von Vertrauen und klarer Einsicht genährt wird. In dem Maß, in dem unsere Grundmotivation stärker wird und wir immer mehr Vertrauen und Anerkennung für sie entwickeln, entwickeln sich auch unsere Vorsätze zu einer Hilfsquelle und Zuflucht in schweren Zeiten.

Viel zu oft beurteilen Meditierende ihre Praxis nach den „meditativen Erfahrungen". Potentielle Erfahrungen dieser Art können in ihrer ganzen Reichweite wohl eine große Rolle spielen in der buddhistischen Spiritualität. Aber in unserer alltäglichen Praxis liegt der Fokus viel mehr auf der Möglichkeit, unsere inneren Fähigkeiten und Stärken zu entwickeln. Dazu gehört es, unser Gewahrsein und die Erforschung unseres Innenlebens unter allen Bedingungen zu schulen, bei klarem wie auch bei stürmischem Wetter. Die Folge von Achtsamkeit und Ausdauer ist ein Reichtum an innerer Kraft. Die Begleiterscheinungen dieser Kraft sind oft Gefühle von Glück und Frieden. Aber wichtiger noch ist es, dass diese innere Stärke uns erlaubt, in Freud und Leid, wach und frei zu bleiben.

VI

Praxis mit Herz

*Was auch immer Mutter, Vater
oder andere Verwandte für uns tun können,
So ist doch von viel höherem Nutzen
was unserem eigenen, gut gelenktem Geist entspringt.*
Dhammapada 43

Das Wort „Achtsamkeit" ist die gebräuchliche Übersetzung des Pali Worts *sati*. Ganz allgemein bedeutet *sati*, etwas im Bewusstsein halten. Als die Chinesen die indischen buddhistischen Ausdrücke in chinesische Schriftzeichen übertrugen, wurde *sati* ein Zeichen mit zwei Hälften. Der obere Teil ist das Zeichen für „der gegenwärtige Augenblick", die untere Hälfte ist das Zeichen für „Herz". Diese Kombination legt nahe, dass Achtsamkeit mit dem Herzen verbunden ist, mit dem vom Herzen kommenden tiefen Erfühlen des Augenblicks. Sie zeigt auf die Möglichkeit, unsere Erfahrungen im Herzen zu halten, und damit, allem was geschieht mit freundlichem, tolerantem und weiträumigem Bewusstsein zu begegnen.

Die Achtsamkeitspraxis kann uns manchmal ein wenig trocken vorkommen, mit ihrer scheinbar kühlen, objektiven Distanz unseren gegenwärtigen Gefühlen gegenüber. Diese Einstellung entsteht jedoch nur dann, wenn wir unterschwellige Angst, Distanz, Widerstand oder Kritisieren für Achtsamkeit halten. Zum Glück ist die Übung der Achtsamkeit selbstkorrigierend: der kontinuierliche Versuch, auf das zu achten, was wirklich in diesem Moment in der Gegenwart vorgeht, wird im Laufe der Zeit die subtilen Spannungen aufdecken, die der distanzierten Einstellung zu Grunde liegen. Wenn uns die Praxis sehr trocken erscheint, kann das zu einem Signal werden, das uns hilft, zu einer friedlicheren Einstellung zurückzufinden. Wir können es aber auch als einen Hinweis verstehen, dass wir die Trockenheit selbst behutsam und ohne Kritik akzeptieren müssen.

Viele von uns haben Herzen, die verkrustet sind vor Unruhe, Angst, Abneigung und Sorge, und einem ganzen Arsenal von Schutzmaßnahmen. Ein nichtreagierendes, gewährenlassendes Bewusstsein kann helfen, diese Kruste aufzulösen. Die Praxis läuft in Zyklen; sie stärkt sich selbst. Am Anfang erlaubt uns die Praxis einen kleinen Teil der Schutzmauer aufzugeben. Durch dieses Freilassen ensteht ein entsprechender Spielraum für Offenheit und Sanftmut. Dieser Prozess wiederum ermutigt uns einen weiteren Teil der schützenden Mauer abzubauen. Langsam unterstützt so der immer stärker im Herzen gefühlte Augenblick die weitere Entwicklung unserer Achtsamkeit.

Im Laufe der Zeit werden unsere neurotischen Denkgewohnheiten immer weniger; ineinander verwobene Schichten von Kritik und Widerstand schwinden, und das Bedürfnis, unser Selbst durch festgefahrenen Identitäten definieren zu müssen, lockert sich. Und während dieses Vorgangs beginnt die natürliche Güte des Herzens, ganz von sich aus zu leuchten.

Die Neigung aufmerksam, glücklich, mitfühlend und frei zu sein, hat ihren Ursprung in der Güte unseres Herzens. Wenn wir uns mit diesen Impulsen anfreunden, und erlauben, dass sie unsere Achtsamkeitspraxis motivieren, so wird diese zu einer Praxis mit Herz.

Der thailändische Meditationsmeister Ajahn Chah sagte einmal, dass alles was geschieht in unserem Herzen geschieht. In der Achtsamkeitspraxis akzeptieren wir alles, was von sich aus aufsteigt, und halten es in unserem Herzen.

VII

Karma

*Alles was wir erleben entspringt dem Geist,,
ist vom Geist gelenkt, vom Geist gemacht.
Wenn Wort oderTat einem korrupten Geist entspringen,
folgt Leiden
So wie das Rad des Wagens dem Huf des Ochsens folgt.*

*Alles was wir erleben entspringt dem Geist,
ist vom Geist gelenkt, vom Geist gemacht.
Wenn Worte oder Taten einem friedlichen Geist
entspringen,
folgt Glück
Wie ein Schatten, der uns nie verlässt.*
Dhammapada 1-2

Der Kern der buddhistischen Lehre ist eine tiefe Würdigung des gegenwärtigen Augenblicks, und das in ihm liegende Potential für Wachsein und Freisein von Leiden. Unsere Tat- und Einfallskraft kann nur in der Gegenwart existieren. Der buddhistische Begriff von Karma ist eng mit dieser Kraft verbunden.

Karma ist keine Vorstellung von früheren Leben, oder ein Gesetz von Vorherbestimmung. Wenn wir glauben, dass unser Schicksal prädestiniert ist, bleibt uns keine Möglichkeit unser Glück oder Unglück selbst in die Hand zu nehmen. Spirituelle Praxis aber beinhaltet die Möglichkeit, sich entscheiden zu können. Der Buddha betonte, dass eine zu starre Vorstellung von Karma keinen Spielraum für eigene Wahl zulässt.

Der Buddha sagte, „Das, was ich Karma nenne, bedeutet Vorsatz." In anderen Worten, die Lehre des Karma ist die Lehre von den bewussten Entscheidungen, die wir in der Gegenwart treffen. Dem gegenwärtigen Augenblick sollen wir mit Achtsamkeit gerecht werden und ihn mit Gelassenheit akzeptieren, so wie wir das in der Meditation tun. Aber hier ist auch der Punkt, bei dem wir entscheiden, wohin uns der nächste Moment führen wird. Je klarer wir diese Wahl sehen, umso größer ist die Freiheit und Kreativität mit der wir diesen Moment gestalten können.

Der gegenwärtige Augenblick ist teilweise das Ergebnis unserer Entscheidungen in der Vergangenheit, und teilweise das Ergebnis der Entscheidungen, die sich in diesem Moment entfalten. Was wir im nächsten Augenblick erleben, oder am nächsten Tag, oder im nächsten Jahrzehnt, kommt auf die Entscheidungen an, die wir in diesem Augenblick der Gegenwart treffen. Alles was wir mit Absicht tun, sagen oder denken hat Konsequenzen. Wenn wir mit diesen Konsequenzen rechnen, gibt uns das wichtige Hinweise, für welche Handlungen wir uns entscheiden sollten.

Aber diese Konsequenzen sind nicht festgelegt oder automatisch. Beabsichtigte Handlungen *tendieren* lediglich zu bestimmten Konsequenzen, denn schließlich sind die wechselwirkenden Zusammenhänge unermesslich. Manchmal sinken die Konsequenzen unserer Handlungen unter die Oberfläche eines weiten Meeres von Ursache und Wirkung. Und doch wird die Welt in voraussehbarer Weise reagieren, wenn unsere Absichten von Gier, Hass oder Selbsttäuschung gezeichnet sind. Und ihre Reaktion wird sicher anders sein, wenn Freundschaft, Großzügigkeit und Güte unseren Absichten zugrunde liegen.

Im Gegensatz zu den äußerlichen Konsequenzen, die sehr verschieden sein können, sind die inneren Konsequenzen oft ganz klar. Sie werden zu einer zuverlässigen Quelle für die Einsicht in die Folgen unserer Entscheidungen. Wir spüren, zum Beispiel, die Auswirkung unserer Absichten—die „Karma"-Konsequenzen—am eigenen Körper. Angehäufte Angewohnheiten von Gier, Hass oder Angst üben eine ganz bestimmte Wirkung auf unsere Muskeln aus, während Großzügigkeit, Mitgefühl und Versöhnung eine bedeutend andere Wirkung haben. Angst erzeugt oft Spannung und Nervosität wenn sich der Körper zum Schutz zusammenzieht. Wird der Wunsch sich zu schützen chronisch, kann es vorkommen, dass er gar nicht mehr wahrgenommen wird. Doch auch unbemerkt kann der Druck auf die lange Sicht körperliche Schwierigkeiten verursachen.

In der Meditation beginnen wir unsere gewohnten Reaktionen abzulegen. Wir beobachten die Impulse unseres Geistes: unsere Wünsche, Gefühle, Gedanken und Absichten. Wir geben ihnen unsere volle Aufmerksamkeit, ohne das Gefühl handeln oder überhaupt auf sie reagieren zu müssen. Wenn wir ihnen nicht erlauben sich zu verfestigen, beruhigen sie sich und hören auf unser Leben zu beherrschen.

Wir können uns oft nicht aussuchen, was das Leben bringt, aber wir können entscheiden, wie wir darauf reagieren, wie wir auf den jetzigen Moment reagieren. So können wir Einfluss nehmen auf die Welt des Leidens, beziehungsweise des Freiseins. Wir sind vielleicht nicht immer zufrieden mit dem, was uns gegeben ist, aber die Achtsamkeitspraxis kann in uns das kreative Potential der eigenen Entscheidung erwecken. Wenn wir uns entscheiden, mit Widerwillen, Ärger, Angst oder Festklammern zu antworten, erschaffen wir weiteres Leiden. Wenn wir aber mit mehr Aufmerksamkeit reagieren und ohne ichbezogenen Widerstand, können wir diesen Zyklus unterbrechen. Kreatives Freisein wird jedoch nur dann möglich, wenn die Entscheidungen nicht in Selbstsucht verwurzelt sind.

Die Welt des Karmas ist also die Welt der Vorsätze, und diese Welt existiert in der Welt des gegenwärtigen Augenblicks. Nirgends sonst. Mit welchen Vorsätzen begegnest du diesem Moment? Was sind deine Absichten wenn du arbeitest, Auto fährst, dich mit jemandem unterhältst, oder jemandem einen Gefallen tust? Wenn wir unsere Vorsätze pflegen, wie einen Garten, mit Sorgfalt und Zuwendung, dann werden sie die schönsten Blüten hervorbringen und Früchte tragen in unserem Leben.

VIII

Freigebigkeit

Ich weiß, was sich ergibt aus dem Nehmen und dem Teilen, und wenn es alle Menschen wüssten, würden sie nichts essen ohne gegeben zu haben, noch würde Selbstsucht ihren Geist beflecken. Selbst wenn es ihr letzter Bissen wäre, würden sie nicht essen, ohne geteilt zu haben, solange jemand da ist, ihr Geschenk zu empfangen.
Itivuttaka 26

Der Brauch zu geben, *dana* auf Pali, hat einen überragenden Platz in den Lehren des Buddha. Immer, wenn er die Menschen auf dem edlen Pfad eine abgestufte Reihe von Übungen lehrte, begann er mit der Lehre von der Bedeutsamkeit und dem Nutzen der Freigebigkeit. Auf dieser Basis sprach er als nächstes über die Bedeutsamkeit und den Nutzen der Ethik. Und darauf aufgebaut, erörterte er das Beruhigen des Geistes. Das wiederum führte zu den Einsichtsübungen, die, von einem ruhigen und standfesten Geist unterstützt, zur Erleuchtung führen. Nach der Erleuchtung, bekamen seine Schüler oft die Anweisung hinauszugehen und anderen zu helfen und ihnen zu Diensten zu sein. Dienen kann auch als ein Beispiel für Freigebigkeit gesehen werden, und so beginnt und endet der buddhistische Pfad mit dieser Tugend.

Dana bezieht sich auf das Geben und die Gabe selbst. Wenn der Buddha von der inneren Tugend der Freigebigkeit sprach, benutzte er das Wort *caga*, womit er *dana* mit dem Pfad verband. Das Wort *caga* ist besonders bezeichnend, weil es auch „Verzicht" und „Entsagung" bedeutet. In diesem Zusammenhang ist Freigebigkeit ein Geben, das den Mitteln und Umständen entsprechend, über das Notwendige, Gebräuchliche und Erwartete hinausgeht. Ganz sicher schließt es ein, Anhaftungen wie Geiz, Knausern und Gier aufzugeben. Weil in der Freigebigkeit auch ein Aufgeben von gewissen Aspekten unseres Selbstinteresses liegt, bedeutet es ein Schenken unseres Selbst. Der Buddha betonte, dass die spirituelle Wirksamkeit eines Geschenks nicht in der Höhe des Betrags liegt, sondern in der Gesinnung, mit der es gegeben wird. Eine kleine Gabe, die doch ein gewisses Opfer fordert, von einem Menschen mit geringem Einkommen ist von höherem spirituellen Wert, als ein großer, für ihn selbst aber unbedeutender, Betrag eines wohlhabenden Menschen.

Für Laien hielt der Buddha redlichen Eigentumserwerb und finanzielle Sicherheit für eine sinnvolle Quelle für Zufriedenheit. Das Ziel ist jedoch nicht der Wohlstand an sich; sein Wert liegt in dem Guten, das damit getan werden kann. Der Buddha verglich einen Menschen, der sein Vermögen genießt, ohne es mit anderen zu teilen, mit jemandem, der sein eigenes Grab schaufelt. Auch nannte er diejenigen, die ihr redlich erworbenes Geld mit den Armen teilen, Menschen mit zwei Augen. Einen Geizhals verglich er mit jemandem mit nur einem Auge.

Der Buddha hielt das Schenken für eine wichtige Quelle von hohem Verdienst mit weitreichendem Gewinn in diesem wie auch in nachfolgenden Leben. Die Lehren von Verdiensterwerb haben vielleicht den Menschen, die in den westlichen Ländern dem Dharma folgen, wenig zu sagen, doch legen sie nahe, dass es ungesehene Wege gibt, auf denen Konsequenzen unserer Handlungen zu uns zurückkehren.

Eine Art zu erkennen, wie Freigebigkeit zu uns zurückkommt, ist im „Sofort-Karma" zu finden. Das ist die buddhistische Auffassung, dass unsere Taten direkte Konsequenzen auf unseren Gemütszustand haben schon im Moment des Handelns. Wenn wir uns dieser Konsequenzen bewusst sind, können sie uns den gegenwärtigen Augenblick auf eine wundervolle Weise verschönern.

Der Buddha betonte die Freude, die uns das Geben schenken kann. *Dana* soll nicht als eine Pflichtleistung empfunden oder zögerlich ausgeführte werden, sondern in einer Art, die dem Geber „vor, nach und während des Gebens Freude macht."

Auf der elementarsten Ebene bedeutet *dana* in der buddhistischen Tradition das freie Geben, das keine Gegenleistung erwartet. Das Schenken entspringt einfach unserem Mitgefühl oder Wohlwollen, dem Wunsch, dass es einem anderen Menschen gut gehen möge. Vielleicht spielt bei *dana* eine größere Rolle wie wir sind, als was wir tun. Durch Großzügigkeit entwickeln wir einen großzügigen Geist. Gewöhnlich führt dieser dann zu großzügigem Handeln. Aber ein freigebiger Mensch zu sein ist wichtiger als jede einzelne Gabe, denn es ist ja möglich zu geben, ohne großzügig zu sein.

Wenn es uns auch Freude macht, anderen mit unserer Freigebigkeit zu helfen, so war doch für den Buddha die höchste Motivation für das Geben das Erlangen von *Nibbana*. Zu diesem Zweck „gibt man Gaben, die den Geist schmücken und verschönern." Zu diesem Schmuck gehören Nicht-Klammern, liebende Güte und Anteilnahme am Wohlergehen unserer Mitmenschen.

IX

Die Praxis der Freigebigkeit

Manche Menschen versorgen andere mit dem Wenigen, das sie haben,
Andere, wenn sie auch wohlhabend sind, geben nicht gern.
Eine Spende von dem Wenigen, das man hat,
Ist tausendmal so viel wert als die Gabe selbst.
Samyutta Nikaya 1.32

Man kann den Begriff „Freigebigkeit" auf zwei Arten verstehen. Zum Einen als den spontanen und natürlichen Ausdruck eines aufgeschlossenen Gemütes. Wenn wir uns aus ganzem Herzen mit anderen Menschen und mit der Welt verbunden fühlen, müssen wir nicht lange überlegen, ob wir schenken sollen oder nicht. Das Schenken geschieht wie von selbst. Diese Art von Freigebigkeit zeigt sich zum Beispiel im Verhalten einer Mutter ihren Kindern gegenüber. Zum Anderen kann man Freigebigkeit auch verstehen als die Praxis des Gebens selbst, ein Geben für das wir uns entscheiden können, auch wenn der Wunsch danach nicht automatisch in uns aufsteigt.

In der Praxis, üben wir Freigebigkeit nicht einfach, nur weil wir es für eine Tugend halten. Die Praxis erfüllt zwei wichtige Funktionen für uns. Als Erstes hilft sie uns, Verbindungen herzustellen mit anderen Menschen und mit uns selbst. Das Geben schafft eine Beziehung zwischen dem Geber und dem Empfänger, und mit jeder großzügigen Handlung lernen wir mehr über das Wesen unserer Beziehungen. Auch hilft es uns, diese Beziehungen weiter zu entwickeln. Wenn wir Großzügigkeit zusammen mit Meditation üben, schützt uns das vor einer spirituellen Praxis, die in Einsamkeit und Distanz von anderen Menschen stattfindet.

Zum Zweiten beginnen wir durch die Praxis der Freigebigkeit zu verstehen, wo wir verschlossen sind, wo wir zurückhalten, wo unsere Ängste stecken. Wir lernen was uns davon abhält großzügig zu sein. Wir nehmen die Praxis des Gebens auch auf, um herauszufinden, wo wir uns gegen sie sträuben.

Für eine vorsätzliche Freigebigkeitspraxis gibt es zahlreiche Übungen, die uns helfen können. Man kann sich, zum Beispiel, vornehmen, innerhalb einer Woche irgend einem Unbekannten zehn Euro zu schenken. Und dann sollte man genau beobachten, was während dieser Woche geschieht. Welche Gefühle steigen auf, wie reagiert man, was kann man in dieser Situation über sich selbst lernen? Von Jack Kornfield kommt die Übung, während einer Zeitspanne von 24 Stunden, jedem Schenkimpuls zu folgen. Wenn das zu riskant scheint, kann man das Geben auf kleinere Dinge beschränken. Eine weitere Praxis wäre, während einer bestimmten Zeitspanne jedem Obdachlosen, dem man begegnet, einen Euro zu schenken.

Freigebigkeit beschränkt sich nicht auf materielle Dinge. Wir können auch mit Güte oder mit Zuwendung großzügig sein, mit Gaben, die eindeutig nicht von materiellem Wohlstand abhängen. Allein ein freundliches Lächeln oder unsere ganze Aufmerksamkeit, wenn wir einem Freund wirklich zuhören, können bereits ein Geschenk sein. Selbst die Bereitschaft, die Großzügigkeit eines anderen anzunehmen, kann paradoxerweise eine Form von Großzügigkeit sein.

Wenn sich unsere Meditationspraxis immer weiter entwickelt, reift mit ihr eine gewisse Furchtlosigkeit, die wir auch, wie ein Geschenk, an andere weitergeben können. Je tiefer wir in Ethik, Weisheit und Furchtlosigkeit verwurzelt sind, desto weniger haben auch andere Wesen Grund uns zu fürchten. In einer Welt voller Angst, ist eine solche Furchtlosigkeit eine dringend nötige Gabe. Eines der Merkmale eines erleuchteten Menschen ist die Eigenschaft, anderen zu helfen ihre Angst zu überwinden.

Die buddhistischen Lehren betonen, dass die Art mit der wir geben, ebenso wichtig ist wie was wir geben—unsere Gaben sollten von Respekt und Glücksgefühlen begleitet sein. Wenn wir Freigebigkeit üben, und sie uns keine Freude macht, ist es Zeit genau zu beobachten was uns motiviert und vielleicht sogar zu überdenken, ob wir überhaupt etwas geben sollten.

Die Freiheit des Buddha ist die Freiheit von allen Formen des Festhaltens, und da ist das offensichtlichste Gegenmittel das Loslassen. Weil Freigebigkeit immer mit dem Aufgeben von Festhalten verbunden ist, entwickelt es unsere Fähigkeit das Festhalten überhaupt aufzugeben. Doch bringt die Praxis des Gebens mehr mit sich als nur das Loslassen. Es fördert Werte wie Großzügigkeit, Güte, Mitgefühl und Herzenswärme. So führt uns das Geben ins Herz der buddhistischen Praxis und lässt gleichzeitig unsere Meditationspraxis so werden, wie wir sie uns wünschen—umfassend und tiefempfunden.

X

Tugend: Die fünf Weisungen

*So wie ein Kaufmann, der in einer Karawane
große Schätze mit sich trägt, gefährliche Straßen
vermeidet:
So wie jemand, der das Leben liebt,
Gift vermeidet:
So sollst du jede Übeltat vermeiden.*
Dhammapada 123

Die buddhistische spirituelle Praxis besteht aus drei allgemeinen Kategorien, die auf Pali *sila, samadhi* und *pañña* heißen, was mit Tugend, Meditation und Weisheit übersetzt werden kann. Sie fungieren wie die Stützen eines Stativs; es ist sehr wichtig alle drei zu entwickeln. Weisheit und Meditation wird sich ohne Tugend nicht entwickeln. Und die Tugend weiter zu entwickeln und die gesamte Tiefe ihrer Möglichkeiten zu verstehen, erfordert Weisheit und Meditation.

Es gibt kein Wort in der westlichen Welt, das *sila* adäquat übersetzt. Manchmal, aus seinen etymologischen Ursprüngen, wird angenommen, dass *sila* von dem Wort „Bett" kommt. Man kann es tatsächlich als eingebettet in das Grundgestein verstehen, als das Fundament, auf dem sich der Rest unserer spirituellen Praxis aufbaut. Früher oder später entwickelt jeder, der sich in Achtsamkeit übt, eine gewisse Feinfühligkeit und entdeckt auch, dass ohne Tugend als Basis die Tiefen dieser Feinfühligkeit schwer zu entwickeln sind.

Sila wird gewöhnlich mit „Tugend", „Sittlichkeit" oder „Ethik" übersetzt. Man muss jedoch mit diesen Begriffen vorsichtig sein, denn die westliche Auffassung von „Tugend" und „Ethik" kann sich grundlegend von der buddhistischen unterscheiden. Das traditionelle Fundament für westliche Ethik besteht aus Geboten, die meistens von einem Gott den Menschen gegeben wurden. In diesen Werten liegt die Auffassung von richtig und falsch, gut und böse—absolute Regeln, nach denen man zu leben hat. Diese Betrachtungsweise führt aber allzu leicht zu der Idee des Schuldigseins, einer im Westen oft vorherrschenden Empfindung. Schuldgefühle aber werden im Buddhismus als kontraproduktiv angesehen, also als Empfindungen, die nicht zum gewünschten Ziel führen, sondern das Gegenteil bewirken.

Im Buddhismus werden Tugend und Ethik ganz pragmatisch behandelt. Sie basieren nicht auf Begriffen von gut und böse, sondern auf der Beobachtung, dass Handlungen natürliche Folgen haben. Ein Buddhist fragt sich, "Führt diese Handlung zu größerem Leiden oder zu größerem Glück und größerer Freiheit für mich und andere?" Dieser Pragmatismus fördert eher erforschende Überlegungen als Schuldgefühle.

Für Laien formulierte der Buddha als Richtlinien für Tugend und moralisches Handeln die folgenden fünf Weisungen: 1) dem Töten entsagen, 2) dem Stehlen entsagen, 3) sexuellen Fehlverhalten entsagen, 4) dem Lügen entsagen und 5) Rauschmitteln, wie Drogen oder Alkohol, entsagen.

Der Buddha gebrauchte verschiedene Bezeichnungen, wenn er von diesen Weisungen sprach, und gab uns dadurch verschiedene Perspektiven, von denen aus wir sie betrachten können. Manchmal nannte er sie „die fünf Übungsregeln" (*pancasikkha*), manchmal „die fünf Tugenden" (*pancasila*), und manchmal einfach „die fünf Dinge" oder „die fünf Wahrheiten" (*pancadhamma*). „Die fünf Dinge" mögen uns seltsam erscheinen, aber vielleicht befreit uns dieser Ausdruck von allen vorgefassten Ideen, was diese „Dinge" zu sein haben und wie sie funktionieren.

Es gibt drei Denkweisen für das Verständnis dieser „fünf Dinge". Die erste bezieht sich auf Verhaltensregeln. Diese sind nicht als Gebote zu verstehen; der Buddha nannte sie „Übungsregeln". Wir nehmen diese Übungsweisungen freiwillig an als Disziplin, die unseren spirituellen Fortschritt unterstützt, weil sie die Entwicklung von Meditation, Weisheit und Mitgefühl fördern .

Als Übungsregeln werden die Weisungen als Regeln für Enthaltsamkeit verstanden. Sie werden gewöhnlich so formuliert: „meinem Fortschritt zuliebe verspreche ich nicht zu töten, nicht zu stehlen", und so weiter. Wir sind bereit, gewissen Impulsen nicht nachzugeben. Anstatt der Neigung zu folgen , z.b. eine Stechmücke zu töten oder Bleistifte von der Arbeit mitzunehmen, halten wir uns zurück und versuchen stattdessen, jedem Unbehagen, auf das wir gewöhnlich impulsiv reagieren, mit Achtsamkeit zu begegnen. Anstatt uns immer zu fragen, ob unsere Handlung schlecht oder unmoralisch ist, nehmen wir die Enthaltsamkeit als Spiegel, in dem wir uns selbst beobachten, und damit versuchen, unsere Reaktionen und Motivierungen zu verstehen, und uns über die Konsequenzen unserer Handlungen Gedanken zu machen.

Das Einhalten der Übungsregeln bringt eine mächtige Form von Schutz mit sich. Hauptsächlich beschützen uns die Weisungen vor uns selbst, vor dem Leiden, das wir uns und anderen verursachen, wenn wir ungeschickt und gedankenlos handeln.

Die zweite Denkweise, in der der Buddha von den Weisungen sprach, bezieht sich auf die Grundsätze der Tugend. Die Prinzipien, die allen Weisungen zugrunde liegen, sind Mitgefühl, Freigebigkeit und der Entschluss kein Leid zu verursachen. Wir folgen den Weisungen aus Mitgefühl dem Leiden anderer gegenüber und in dem Vertrauen, dass die Menschen frei von Leiden sein können. Wir leben auch nach den Weisungen aus Anteilnahme an uns selbst. Wir versuchen, sorgfältig zu beachten was wir tun und was wir sagen, und bemühen uns, unseren absichtlichen

Handlungen und selbst unseren Gedanken mit Umsicht zu begegnen.

Wenn wir die Weisungen zusammen mit dem Prinzip kein Leid zu verursachen üben, verhindern wir, dass sie zu einem starren Ideal werden. Wir können jede Tendenz mit engstirnigem oder gefühllosem Gebrauch der Weisungen Schaden anzurichten, in Schach halten, indem wir uns fragen, „schadet diese Handlung mir oder anderen?" Das Verständnis der Ursachen der schädlichen Konsequenzen befähigt uns, den Weisungen mit Menschlichkeit zu folgen.

Den Weisungen nach zu leben, ist an sich ein Akt der Freigebigkeit—wir schenken uns selbst und anderen das wunderbare Gefühl des Geschütztseins. So ist ein pragmatischer Grund, den Weisungen als Regeln der Enthaltsamkeit zu folgen, Freude in unser Leben zu bringen. Viele Menschen meditieren, weil ihnen das Gefühl von Glück und Freude fehlt. Und nach der Überzeugung des Buddha, ist der beste Weg Freude zu entwickeln und zu empfinden, ein tugendhaftes Leben zu führen.

Die dritte Denkweise über die Weisungen bezieht sich auf den Charakter der Menschen. Jemanden, der große spirituelle Fortschritte gemacht hat, beschrieb der Buddha als einen, der die fünf Tugenden verinnerlicht hat. Wenn man eine gewisse Stufe des Erwachens erreicht habe, sei es einem einfach nicht möglich, gegen die Weisungen zu handeln. Das Befolgen der Weisungen sei ein direktes Nebenprodukt der Entdeckung von Freiheit.

Zusammengefasst also, können die fünf Dinge gesehen werden als Übungsregeln, als Prinzipien, die unsere Handlungen lenken und als Beschreibung eines erleuchteten Wesens. Die Welt braucht mehr Menschen, die die gute Absicht, die Feinfühligkeit und Reinheit des Herzens besitzen, wie sie von den fünf Weisungen dargelegt sind.

Mögen die Weisungen eine Quelle der Freude werden für alle.

XI

Eine kurze Einweisung in die Meditation

*Besser als hundert Jahre
verständnislos und unstet gelebt,
Ist ein einziger Tag
gelebt mit Einsicht und vertieft in Meditation.*
Dhammapada 111

Nimm, entweder auf dem Boden oder auf einem Stuhl, eine bequeme aber wache Haltung ein. Schließe sanft die Augen und versuche, deinen Körpers ganz bewusst zu erleben, ihm ganz gegenwärtig zu sein. Atme zwei- oder dreimal tief ein und aus, um eine Verbindung zwischen Atem und Körper herzustellen und dich der an der Oberfläche vorherrschenden Gedanken und Empfindungen zu entledigen. Dann lenke deine Aufmerksamkeit einfach aber bewusst auf die Empfindung, die das Ein- und Ausatmen im Körper erzeugt, ohne zu versuchen den Atmen zu beeinflussen oder zu manipulieren.

Während dir die Empfindung des Atmens vertraut wird, lasse deine Aufmerksamkeit auf der Körperstelle ruhen, wo du den Atem am klarsten und einfachsten beobachten kannst. Das könnte das Heben und Senken des Bauches sein, die Bewegung im Brustkorb oder das Spüren der Luft, wie sie an der Nasenspitze vorbeifließt. Um die Verbindung zwischen dem Bewusstsein und der Empfindung des Atmens im Körper aufrecht zu erhalten, kann es hilfreich sein, in Gedanken das Ein- und Ausatmen zu benennen: „heben" und „senken" oder „ein" und „aus".

Wir legen so viel Wert auf das bewusste Atmen in der Meditation, weil es unsere Fähigkeit festigt, im gegenwärtigen Augenblick bewusst und beständig zu sein. Immer wenn du merkst, dass du dich durch das Geschnatter der Alltagsgedanken hast ablenken lassen, lenke deine Aufmerksamkeit sanft und ohne Vorwürfe zurück zum Atmen.

Es kann jedoch vorkommen, dass eine andere Empfindung so stark wird, dass es schwierig ist, bei der Beobachtung des Atems zu bleiben. In diesem Fall, lass den Atem sein und gib deine ganze Aufmerksamkeit dieser neuen Empfindung, und mache sie zum Mittelpunkt deiner Achtsamkeit. Vielleicht hilft es zu versuchen, zwischen dem Vorder- und dem Hintergrund des Bewusstseins zu unterscheiden. Stelle anfänglich das Atmen in den Vordergrund deines Bewusstseins und lasse alle anderen Empfindungen im Hintergrund bleiben. Solange du ohne Anstrengung das Atmen im Vordergrund halten kannst, lasse alle anderen Empfindungen einfach im Hintergrund ruhen. Wenn aber eine körperliche, geistige oder seelische Empfindung das Atmen aus dem Vordergrund verdrängt, akzeptiere diesen neuen Ruhepunkt für das Bewusstsein.

Um die Konzentration auf dieses neue in den Vordergrund getretene Empfinden zu festigen, kann es sehr nützlich sein, es in Gedanken behutsam zu benennen. Bei Geräuschen, zum Beispiel, kann man sich leise sagen „hören, hören", bei Schmerzen, „brennen" oder „stechen", aber auch „Freude, Freude", und so weiter. Das Wichtige ist, dass wir alles genau spüren und den benannten Empfindungen ganz gegenwärtig sind. Wir halten sie im offenen Bewusstsein, solange sie sich im Vordergrund befinden, und achten auf mögliche Veränderungen der Gefühle. Wenn eine Empfindung nicht länger überwiegt, oder wenn sie genügend anerkannt wurde und deshalb unsere Aufmerksamkeit nicht länger beansprucht, kehren wir mit unserer Aufmerksamkeit zum Atem zurück.

Eine andere Art, die Praxis der Achtsamkeit zu beschreiben, wäre, dass man klar und bewusst seine Aufmerksamkeit dem Atem widmet, bis man von etwas Anderem entschieden davon abgelenkt wird. Wenn das geschieht, wird diese sogenannte „Ablenkung" zum Fokus der Meditation. Es gibt aber in der Achtsamkeitspraxis eigentlich keine Ablenkung, nur neue Empfindungen, denen man seine Aufmerksamkeit schenken kann. Es gibt nichts, das außerhalb des Bereichs der Achtsamkeitsmeditation liegt. Die volle Reichweite unseres Menschseins darf sich im Licht unserer Achtsamkeit entfalten. Körperliche Empfindungen, Stimmungen, Gefühle, Gedanken, Geisteszustände, Launen und Absichten—alles ist mit eingeschlossen.

Während der ganzen Meditation lass deine Aufmerksamkeit sanft und entspannt, aber gleichzeitig hellwach und klar sein. Wenn du unterscheiden kannst zwischen Ideen, Begriffen, Bildern und Gedanken, die mit einer Erfahrung verbunden sind, auf der einen Seite, und dem unmittelbaren, körperlichen Gefühl auf der anderen, lass deine Aufmerksamkeit auf dem unmittelbaren Gefühl ruhen. Achte auf die körperlichen oder seelischen Empfindungen, die greifbar in der Gegenwart aufkommen. Bemerke was mit ihnen geschieht, wenn du ihnen deine ganze Aufmerksamkeit gibst. Werden sie stärker, schwächer oder bleiben sie gleich?

Achte auch auf deine Beziehung zu deinen Empfindungen. Spürst du Abneigung, Verlangen, Anerkennung, Verurteilung, Missbilligung, Angst, Habgier, Stolz, oder hast du andere Reaktionen? Die Erkenntnis, dass, zum Beispiel, ein körperlicher Schmerz etwas anderes ist als deine Reaktion darauf, kann helfen, inmitten des Unbehagens ein Gleichgewicht zu finden. Sollte deine Reaktion auf eine Erfahrung schwerwiegender sein als die Erfahrung selbst, ist es wichtig auch das zu beachten, und diese Reaktion zum Ruhepunkt deines Bewusstseins zu machen. Nimm nicht teil am Treiben deiner Gedanken oder Vorstellungen, sondern sei dir nur einfach und still bewusst, was gegenwärtig ganz konkret in Körper und Seele vorgeht.

Während wir lernen in der Meditation wach und ruhig gegenwärtig zu sein, wird eine tiefere Vertrautheit mit uns selbst und mit der Welt in uns aufsteigen. Indem wir die Fähigkeit kultivieren, unserem direkten Empfinden gegenüber achtsam zu bleiben ohne Einmischung, Bewertung, Vermeidung oder Anhaftung, geben wir den Urquellen von Einsicht und Weisheit die Möglichkeit ans Tageslicht zu kommen.

XII

Achtsamkeit des Atmens

Wenn Achtsamkeit des Atmens entwickelt und gepflegt wird, trägt es große Früchte und bringt große Vorteile. Wenn Achtsamkeit des Atmens entwickelt und gepflegt wird, erfüllt es die vier Grundelemente der Achtsamkeit. Wenn die vier Grundelemente der Achtsamkeit entwickelt und gepflegt werden, erfüllen sie die sieben Faktoren der Erleuchtung. Wenn die sieben Faktoren der Erleuchtung entwickelt und gepflegt werden, erfüllen sie die wahre Erkenntnis und Erlösung.
Majjhima Nikaya 118.15

Achtsamkeit des Atmens beginnt gewöhnlich mit dem Wahrnehmen des Atmens. Tatsächlich ist das Atmen die Grundlage vieler Formen der buddhistischen Meditationspraxis. Mein Zen-Lehrer in Japan sagte, dass die Achtsamkeit des Atmens allein genüge, einen Menschen zur Erleuchtung zu führen.

Das Repertoire religiöser Praktiken in der Welt enthält eine Vielzahl an nützlichen Atem-Meditationen. Viele sind mit Formen des bewussten Atmens verbunden: lang und tief atmen; das Ausatmen mehr betonen als das Einatmen; schnell oder langsam atmen, durch die Nase oder den Mund; zwischen den Atemzügen absichtlich pausieren; das Atmen mit verschiedenen Körperteilen in Verbindung bringen. In der Achtsamkeitspraxis versuchen wir das Atmen nicht zu beeinflussen. Wir beobachten es einfach, so wie es ist, egal wie es ist: flach oder tief, lang oder kurz, schnell oder langsam, ruhig oder unruhig, rauh oder fein, gepresst oder leicht. In der Praxis der Achtsamkeit suchen wir nicht nach dem idealen Atmen. Wenn wir dem Atmen eine starre Form aufzwingen, versäumen wir möglicherweise, wie sich unser eigenes körperliches, seelisches oder geistiges Befinden im Atmen mitteilt.

Weil unsere Gedanken so leicht von Vorstellungen und Tagträumen abgelenkt werden, nehmen wir das Atmen zuhilfe, um uns in der Gegenwart zu verankern. Wenn wir immer wieder zu dem ruhigen Punkt des Atmens zurückkehren, wird dieser zum Gegengewicht der starken Einflüsse der Zerstreutheit. So werden Geist, Seele und Körper geschult, still und gesammelt in einer Absicht, einem Ort und einer Zeit zu ruhen. Wenn wir in Meditation sitzen und unsere Gedanken sind bei der gestrigen Arbeit, dann sind Geist und Körper nicht am selben Ort zur selben Zeit. So gespalten, verlieren wir leicht die ganzheitliche Auffassung unseres Selbst.

Die Achtsamkeit des Atmens kann sich zu einem starken Verbündeten entwickeln. Das stetige Bewusstsein unseres Ein- und Ausatmens wird zu einer

Konstanten der Gelassenheit im Auf und Ab unseres täglichen Lebens. Wenn wir im Zyklus des Atmens ruhen und ihn womöglich sogar genießen, ist es weniger wahrscheinlich, in den aufkommenden Gefühlen und Gedanken hängen zu bleiben. Immer wieder zum Atmen zurückzukehren kann ein sehr effektives Mittel sein gegen den Aufbau von Identifizierung und des Festhaltens, die Herz und Geist erstarren lassen.

Da unser Atmen nicht unabhängig ist von unserem Gefühlsleben, spiegeln sich Gedanken, Einstellungen und Belange oft in der Art des Atmens. Das Atmen ändert sich mit den sich ändernden Gefühlen. Mit Angst und Trauer engt es sich ein. Mit Ärger wird es vielleicht energisch und forciert, und mit Ruhe und Friede kann es entspannt und leicht werden. Die etymologische Wurzel von „Angst" (angustiz) ist „Beklemmung" und „schnüren". „Mir ist der Hals wie zugeschnürt," sagen wir in schwierigen Situationen, und mit beklemmtem Atmen versuchen wir manchmal Aufregung oder zu energische Gemütswallungen zu dämpfen oder zurückzuhalten. Wir dürfen nicht vergessen, dass wir in der Achtsamkeitspraxis nur beobachten was vor sich geht, ohne vorgefasste Meinungen—wie unser Atem, unser Innenleben und wir selbst zu sein haben—hinzuzufügen.

Aufmerksamkeit kann aber auch, wie jede andere Gemütsverfassung, das Atmen auf ihre eigene Art beeinflussen, oft indem sie es verlangsamt und beruhigt, aber manchmal auch indem sie es von der Beklemmung befreit. Wenn wir nicht vergessen, uns des Atmens bewusst zu sein, hilft uns das schwierige Situationen reibungslos zu bewältigen. Die Kraft der Aufmerksamkeit von sich aus kann uns eine Hilfe sein in jeder Lage, und Aufmerksamkeit dem Atmen gegenüber kann diesen, und uns, davor bewahren starr und unbeugsam zu werden.

XIII

Der Körper im Mittelpunkt: Achtsamkeit des Körpers in der Praxis – Anweisungen des Buddha

Achtsamkeit des Körpers, wenn recht gepflegt und entwickelt, trägt große Früchte und bringt große Vorteile.
Majjhima Nikaya 119.2

Ich begann meine buddhistische Praxis nicht mit der Absicht, meinen Körper zu entdecken. Es kam mir nicht in den Sinn, dass der Körper auf dem Weg der Meditation von irgendeiner Bedeutung sein könne, außer als etwas, das auf das Meditationskissen plaziert wird. Selbst wenn sich während der frühen Monate und Jahre meiner Meditationspraxis mein Körper bemerkbar machte mit schmerzvollen Anzeichen von versteiften Muskeln, nervöser Anspannung und psychischer Unbeweglichkeit, war ich überzeugt, dass körperliche Beschwerden lediglich lästig waren, und dass man sie ignorieren oder überwinden müsse, und nicht, dass sie von wahrer Substanz sein könnten und ein Entfalten der Meditationspraxis bedeuteten. Über die Jahre erwachte mein Körper langsam. Ich war, und bin heute noch, immer wieder überrascht wie viel Bewusstsein, Zuneigung und Mitleid im und durch den Körper entdeckt werden können. Ich habe gelernt, dass Achtsamkeit des Körpers das Fundament ist für die Achtsamkeitspraxis, und bei dem Versuch, die Praxis mit unserem täglichen Leben zu integrieren, unser bester Freund sein kann.

Der Buddha selbst sagte, „Es gibt ein Ding, das, wenn wir es pflegen und regelmäßig damit üben, zu tiefer spiritueller Absicht führt, zu Frieden, zu Achtsamkeit und klarer Einsicht, zu Weitblick und Wissen, zu einem glücklichen Leben, hier und jetzt, zum höchsten Stand von Weisheit und Erleuchtung. Und was ist dieses eine Ding? Achtsamkeit mit dem Körper als Mittelpunkt." Anderswo sagte der Buddha, „Wenn der Körper vernachlässigt wird, wird auch der Geist vernachlässigt. Wenn der Körper gepflegt wird, wird auch der Geist gepflegt."

Man kann reihenweise westliche Bücher über Buddhismus finden, die den Körper praktisch überhaupt nicht erwähnen. Das gibt oder bestärkt den Eindruck, dass Buddhismus eine intellektuelle oder Vernunft-orientierte Religion ist. Im Gegensatz dazu, verstehe ich die buddhistische Praxis, besonders die Achtsamkeitspraxis, als eine Aufforderung den Körper zu entdecken und die Entdeckung zu verkörpern. Oder wie es in den Schriften der Vier Fundamente der

Achtsamkeit heißt, „den Atem **im** Atem, und den Körper **im** Körper erleben." Der Buddha distanzierte sich von Metaphysik und Spekulationen. Sein Interesse lag darin zu verstehen, wie wir das Leben erfahren und wie wir es in direktem Kontakt mit unseren psychophysikalischen Sinnen begreifen. Er lehrte, dass alles, was wir brauchen, um die Welt, für den Zweck des Erwachens und der spirituellen Freiheit, klar zu erkennen, im eigenen Körper zu finden ist. Ohne den Begriff einer objektiven Welt abzulehnen, stand für ihn die Funktion der Sinne und der sinnlichen Wahrnehmung so im Mittelpunkt des Interesses, dass er wiederholt betonte, dass „innerhalb dieses, nur ein paar Ellen-langen Körpers, mit seinen Empfindungen und inneren Gefühlen, die ganze Welt liegt, die Ursache der Welt, die Auflösung der Welt, und der Weg, der zur Auflösung der Welt führt."

Während meiner frühen *Vipassana* Praxis in Thailand, sagte Achaan Buddhadasa bei der Eröffnung eines zehn-Tage-Retreats „Tut nichts, das euch eurem Körper entfremdet." Ich trug diese—für mich rätselhafte—Weisung bei mir während der zehn Tage, und langsam kam es mir zum Bewusstsein, wie oft der Mittelpunkt meiner Aufmerksamkeit und Schwerkraft nach außen projiziert war, wie oft ich nach außen griff, um etwas zu erhaschen oder mich mit etwas zu identifizieren, das außerhalb von mir selbst lag. Die Erwartung der Mittagsmahlzeit oder des Endes der Meditationsperiode, das Wiederaufwärmen alter Erinnerungen, Zukunftspläne, das Verlangen nach bestimmten Empfindungen oder Denkweisen, oder ein Widerwille dagegen. All das verursachte das Gefühl, körperlich nicht in mir selbst verankert zu sein. Oft kam es mir vor, als befände ich mich sozusagen vor mir, entweder weil mein Körper sich tatsächlich etwas nach vorn neigte, oder öfter und subtiler, weil ich spürte, wie sich mein Gleichgewichtspunkt nach vorn verlagert hatte. Während dieses zehn-Tage-Retreats lernte ich langsam, meinen Körper in aufrechter Haltung innerhalb meines Schwerpunkts einzurichten. Je mehr ich im eigenen Körper zur Ruhe kam, umso feinfühliger wurde ich für immer subtilere Bewegungen, verursacht von immer subtilerer Anhaftung oder Abwehr des Geistes, die vom Gleichgewichtspunkt wegführten. Allmählich wurde mir klar, dass mir nichts so einen ehrlichen Blick auf mein Innenleben gewährt wie die Achtsamkeit des Körpers.

Im Gegensatz zu der Tendenz der westlichen Welt, eine radikale Dualität zwischen Geist und Körper aufzustellen, sah der Buddha den Geist und den Körper eines Menschen als eng miteinander verbunden. Das Verdrängen oder Unterdrücken bestimmter Aspekte unseres Geistes- oder Gefühlsleben bringt oft mit sich, dass wir uns von unserem Körper entfernen. Die Erforschung und das Erwecken unseres Körpers von innen durch Achtsamkeit und Bewusstsein, kann zu einer Wiederentdeckung verschütterter Emotionen führen und zu einer gesteigerten Fähigkeit die Emotionen zu verstehen, wirklich empfindungssfähige Lebewesen (*sentient* beings) zu sein.

Achtsamkeit des Körpers kann es uns sehr erleichtern, für schmerzliche oder überwältigende Gefühle präsent zu sein, indem sie uns hilft, den Körper

als das Gefäß unserer Gefühle zu erkennen.
Buddhistische Psychologie lehrt, dass
Gemütsbewegungen praktisch immer verkörpert—also
im Körper spürbar sind. Zum Beispiel kann Angst ein
Zusammenziehen des Magens mit sich bringen, Ärger
ein erhitztes Gesicht, Freude Prickeln oder Wärme im
Brustkasten, und Unruhe lässt Energie durch die Arme
schießen. Wenn wir uns auf diese körperlichen Gefühle
konzentrieren, wird es leichter, für die sie
verursachenden seelischen Empfindungen präsent zu
sein, und der Achtsamkeit zu erlauben, ihr innerstes
Wesen aufzudecken.

In unserer westlichen Kultur werden gewaltige
Mittel aufgewendet unsere Neigung zu bestärken, den
Körper als ein Objekt zu behandeln, das zu
manipulieren ist. Das Körperbewusstsein ist nicht nur
das äußerliche Ansehen, sondern auch die Darstellung,
die wir mit Hilfe von Kosmetik, Haarkünstlern, der
Reklameindustrie und den Fitnesscentern der Welt
präsentieren. Das steht in großem Kontrast zur
Achtsamkeitspraxis, wo wir eine Form des
Körperbewusstseins üben, in der das subjektive
Gewahrsein des Körpers von innen her entwickelt wird.
Diese innere subjektive Welt ist die Quelle unserer
Lebenskraft. Den Körper zu objektivieren kann zur
Folge haben, dass wir von diesem Gefühl des
Lebendigseins abgespalten werden.

Wenn es uns langsam klar wird, wie wir den
Körper tatsächlich und direkt von innen her erleben,
beginnen wir zu spüren, dass der Körper einen Prozess
und ein Gewahrsein darstellt und nicht einfach ein

„Ding". Die buddhistische Tradition unterscheidet zwischen verschiedenen „Körpern"— Energiekörper, Körper der Freude, der Transformation, des Diamanten, des Karmas, und des Bewusstseins. Ein meditierender Mensch kann all diese verschiedenen Körper empfinden, oft als einen Fluss von Energie oder als ein Achtsamkeitsfeld.

Wenn wir *Vipassana*-Schüler Achtsamkeit des Körpers entwickeln, wirken wir nicht nur den Kräften der westlichen Kulturformen entgegen, die das Bild eines festen, objektiven Körpers verstärken, sondern auch unseren eigenen psychologischen Kräften, die in diese Richtung neigen. Unsere geistig-körperlichen Gewohnheiten, wie das Anspannen der Bauch-, Schulter- oder Nackenmuskeln, bewirken leicht das Gefühl einer illusorischen Stabilität, die uns vor allem, das beängstigend oder schmerzhaft ist, beschützen soll. Mit weiterer Achtsamkeitspraxis lernen wir, unseren inneren Empfindungen zu vertrauen, unserer Achtsamkeit, unserer Fähigkeit allem präsent zu sein, auch den schwierigen seelischen Empfindungen.

Doch die Achtsamkeitspraxis bedeutet nicht, dass jedes Bild unseres Selbst oder unseres Körpers abzulehnen ist. Wir lernen vielmehr flexibel zu sein, und uns mit Leichtigkeit zwischen angemessenem Selbstbild und der Offenheit des direkten, bildlosen Erlebens zu bewegen. In manchen Situationen ist ein starkes Selbstbild entscheidend; in anderen hemmt es uns. Ein offener, selbstloser Zustand mag sehr wertvoll sein, aber wir dürfen nicht vergessen, dass auch er zu großem Leiden führen kann, wenn wir uns daran hängen. In der Achtsamkeitspraxis geht es nicht so sehr darum, einen bestimmten Gemütszustand zu erreichen, sondern vielmehr Freiheit und Beweglichkeit innerhalb aller Zustände zu erreichen.

Wie die Meditation die Grenzlinien des Selbst erweitert, hilft die Achtsamkeit des Körpers innerhalb der Offenheit, einen gesunden Gleichgewichtspunkt zu schaffen. Offenheit der Welt gegenüber zu bewahren ist gefahrloser, wenn man sich immer bewusst ist, was innerhalb des Körpers vorgeht. Der Körper kann leichter als irgendeine andere Quelle ungeheuer viel Information liefern über die Art und Weise mit der gegebene Umstände auf uns wirken, und wie wir darauf reagieren. Ohne diese Information laufen wir Gefahr, dass wir uns den vielen Aspekten unseres Seins verschließen, dass wir unser Gefühl der Präsenz verlieren den äußeren Umständen gegenüber oder den Menschen oder der inneren Welt der Gedanken und Empfindungen.

Innerhalb der Theravada Tradition gibt es eine Anzahl von verschiedenen Arten der Achtsamkeitspraxis. Manche konzentrieren sich fast ausschließlich auf die Achtsamkeit des Körpers. Andere schließen mehr oder weniger andere Aspekte unseres Menschseins ein—Gefühle, Emotionen, Gedanken, Geisteszuständen oder innere Erlebnisse. Doch selbst innerhalb dieser Aspekte bleibt die Achtsamkeit des Körpers während der ganzen Meditation immer die wichtigste Basis der Achtsamkeitspraxis. In den Schriften der Vier Fundamente der Achtsamkeit nannte der Buddha unter dem Fundament des Körpers die

Beachtung des Atems, der körperlichen Gefühle aller Art, der Körperhaltung, des Körpers in Bewegung und der systematischen Erforschung des ganzen Körpers. Ich glaube, dass die anderen drei Fundamente der Achtsamkeit am besten verständlich werden, wenn wir zuerst die Achtsamkeit des Körpers erkannt und gefestigt haben.

In ähnlicher Art haben die verschiedenen Zweige der Mahayana Tradition die große Bedeutung des Körpers betont. In mehreren Mahayana Schriften wird mit Überzeugung darauf bestanden, dass „der Körper selbst *bodhi* (Erwachen) ist." In einem Tantra Lied heißt es: „Hier in diesem Körper befinden sich die heiligen Flüsse: hier sind die Sonne und der Mond, wie auch die Wallfahrtsorte. Ich kenne keinen anderen Tempel, der so glückselig ist wie mein eigener Körper." Auch in der japanischen Zen Tradition wird betont, wie wichtig die bewusste Mitwirkung des Körpers in der Meditation ist. Der Zen Meister Dogen lehrte, dass in der Zen-Meditation Körper und Geist vereint sind und schrieb, „die Achtsamkeit des Körpers ist des Körpers Achtsamkeit."

Doch am Ende bedeutet die zentrale Funktion des Körpers in der buddhistischen Meditation nicht, dass wir unsere Aufmerksamkeit vorsätzlich auf den Körper lenken, als ob Achtsamkeit und Körper zwei getrennte Einheiten wären. Vielmehr führt uns die Lehre der Achtsamkeit des Körpers zu der Einsicht, dass dieses Bewusstsein bereits im Körper existiert. In der Meditationspraxis wird nichts dirigiert oder erfunden. Der Anfang und das Ende der Praxis ist das Erwachen für das, das schon vorhanden ist—im Körper, im Herzen und im Geist.

XIV

Achtsamkeit der Gefühle

Kein Feuer brennt wie Leidenschaft,
Kein Griff hält wie Ärger,
Keine Schlinge fängt wie Täuschung,
Kein Fluss strömt wie Begierde.
Dhammapada 251

Wenn wir unseren Gefühlen mit Achtsamkeit begegnen, hilft es uns, direkte und unkomplizierte Gefühle zu empfinden. In unserer Achtsamkeitspraxis gibt es keine unpassenden Gefühle. Wir erlauben ihnen einfach so zu existieren, wie sie in uns aufsteigen—ohne Reaktion, ohne die zusätzlichen Komplikationen von Verurteilung, Beurteilung, Vorliebe, Ablehnung, Begehren, Anhängen oder Widerstand.

Der Buddha fragte einst einen seiner Schüler, „Ist es schmerzhaft wenn jemand von einem Pfeil getroffen wird?" Der Schüler antwortete, „Ja, das ist es." Der Buddha fragte weiter, „Wenn jemand von einem zweiten Pfeil getroffen wird, ist es dann noch schmerzhafter?" Der Schüler antwortete wieder, „Ja, das ist es." Dann erklärte der Buddha: „Im Leben können wir uns nicht immer vor dem ersten Pfeil schützen. Der zweite, jedoch, ist unsere Reaktion auf den ersten. Der zweite Pfeil ist unserer freien Entscheidung überlassen."

Solange wir leben, sind wir schmerzhaften Erfahrungen ausgesetzt—dem ersten Pfeil. Ihn zu verdammen, zu verurteilen, zu kritisieren, zu hassen oder zu verleugnen, ist wie von einem zweiten Pfeil getroffen zu werden. In vielen Fällen liegt der erste Pfeil außerhalb unserer Kontrolle, nicht aber der Pfeil der Reaktion.

Oftmals verursacht ein Gefühl beachtliches Leiden, das aber nicht aus dem Gefühl selbst entsteht, sondern aus unserer Reaktion darauf. Finden wir es unakzeptabel? Ungerecht? Hassen wir es? Sind wir stolz darauf? Schämen wir uns seinetwegen? Macht es uns nervös? Haben wir Angst vor unserer Empfindung?

Achtsamkeit selbst verurteilt keine Reaktionen. Ehrlich und mit Klarheit sehen wir, was mit uns passiert, und wie wir darauf reagieren. Je mehr wir unsere Reaktionen erkennen und je vertrauter wir mit ihnen werden, umso einfacher können wir fühlen— unkomplizierte Trauer, zum Beispiel, oder direkte Freude, unvermischt mit schlechtem Gewissen, Ärger, Reue, Verlegenheit, Kritik oder sonstigen Reaktionen. Freiheit im Buddhismus bedeutet nicht Freiheit von Gefühlen, sondern die Freiheit, sie nicht zu komplizieren.

Es gibt vier Aspekte der Achtsamkeit, die uns helfen können: Erkennen, Benennen, Akzeptieren und Untersuchen. Man muss nicht mit allen gleichzeitig arbeiten, wenn es um ein bestimmtes Gefühl geht. Man kann es mit diesem oder jenem versuchen, um festzustellen, wie jedes einzelne das direkte Bewusstsein der Gefühle bestärkt.

Erkennen: Ein Grundprinzip der Achtsamkeit ist, dass wir Freiheit und Weite nicht erleben können ohne die Wirklichkeit zu erkennen. Es ist aber nicht immer leicht, die Gefühle, die in uns aufsteigen, zu erkennen. Wir haben gelernt, dass manche Gefühle als unpassend gelten, oder wir fürchten uns vor ihnen, oder sie sind uns einfach unangenehm. Am Anfang meiner Praxis, zum Beispiel, wurde ich oft ärgerlich, wenn die Praxis während einer Klausur (eines Retreats) nicht so ablief, wie ich es mir vorgestellt hatte. Mein Selbstbild aber war, dass ich ein Mensch bin, der sich nicht ärgert, und konnte also den Ärger nicht zugeben. Die Klausur konnte für mich nicht wirklich beginnen, bis ich den Ärger anerkannt hatte. Je mehr wir lernen, die ganze Reichweite unserer Gefühle zu erkennen, einschließlich der ganz subtilen, umso vertrauter und angenehmer werden sie für uns. Und sobald das geschieht, lockert sich ihr fester Griff.

Benennen: Ein gleichmäßiges, entspanntes inneres Benennen der gegenwärtigen Gefühle—„Freude", „Ärger", „Frust", „Glück", „Langeweile", „Zufriedenheit", „Verlangen" und so weiter—hilft uns, unsere Aufmerksamkeit inmitten unseres jetzigen Erlebens zu festigen. Es verhindert auch, dass wir uns mit einem starken Gefühl identifizieren. Es gibt so viele verschiedene Arten, von unseren Gefühlen ergriffen zu werden: wir fühlen uns von ihnen bestätigt oder verdammt oder beschämt oder bezaubert. Das Benennen hilft uns, aus dem Bann der Identifikation heraus zu einem neutraleren Punkt der Beobachtung zu finden: „So ist es." Im Märchen verliert der Drache seine Macht, wenn sein Name genannt wird. So können auch die Gefühle ihre Macht über uns verlieren, wenn wir sie benennen.

Akzeptieren: Durch Achtsamkeit erlauben wir den Gefühlen einfach das zu sein, was auch immer sie im Moment sein mögen. Das bedeutet nicht, dass wir alles rechtfertigen und gut heißen. In der formellen Meditationspraxis haben wir die außerordentliche Möglichkeit, bedingungslose Akzeptanz aller Gefühle zu üben. Das bedeutet nicht, dass wir den Gefühlen Ausdruck geben, sondern dass wir sie einfach durch uns hindurchfließen lassen—ohne Hemmung, Widerstand oder Ermutigung. Um das Akzeptieren zu erleichtern, können wir versuchen zu verstehen, dass ein Gefühl in uns aufgestiegen ist, weil bestimmte Bedingungen zusammengetroffen sind. Wenn du, zum Beispiel, auf dem Weg zur Arbeit einen platten Reifen hattest, und nachdem du endlich angekommen warst, dein Chef dich mit einem neuen Projekt mit knappem Termin überraschte, kann es sein, dass du nervös und verärgert reagierst. Aber an einem Tag, an dem Du ausgeschlafen und gutgelaunt bei der Arbeit ankommst, wird dasselbe Projekt zu einer interessanten und willkommenen Herausforderung. Wenn wir verstehen, dass unsere Gefühle aus einer speziellen Reihe von Bedingungen entstehen, können wir sie leichter akzeptieren und müssen sie so nicht persönlich nehmen.

Untersuchen: Das setzt voraus, dass wir alle vorgefassten Meinungen über Gefühle fallen lassen, und sie mit neuen Augen betrachten. Gefühle sind oft eine Mischung von körperlichen Empfindungen, Gedanken, Emotionen, Motivationen und Einstellungen. Die Untersuchung ist keine abstrakte Analyse. Sie ist vielmehr eine Übung von Sinnesachtsamkeit: wir suchen den Weg, der uns zum jetzigen Moment führt, in dem wir das Gefühl erleben. Besonders nützlich in dieser Übung ist zu untersuchen, wieweit sich ein Gefühl in körperlichen Empfindungen erkennen lässt. Die Wechselbeziehung zwischen Gefühlen und und körperlichen Wahrnehmungen ist so stark, dass wenn wir unsere Gefühle nicht gelten lassen oder sie verdrängen, oft auch die körperlichen Empfindungen verneint oder verdrängt werden. Wenn wir durch Achtsamkeitspraxis zur Erkenntnis unseres Körpers gelangen, erkennen wir auch unsere Fähigkeit zu fühlen. Wenn wir den Körper einfach den Behälter der Gefühle sein lassen, ist es leichter uns von den Gedanken zu trennen, die das Gefühl begleiten, den Kommentaren, den Analysen und den Versuchen die Dinge zu ändern. So können wir einfach in dem Erleben des jetzigen Moments zur Ruhe kommen.

Achtsamkeit der Gefühle kann uns an einen Punkt bringen, an dem wir nicht mehr automatisch und aus Gewohnheit auf jeden inneren Drang reagieren. Sie hilft uns eine gute Basis zu finden, von der aus wir eine Situation sorgfältig beurteilen können und weise

Entscheidungen treffen können. Die Absicht der buddhistischen Meditation ist nicht gefühlsneutral zu werden. Vielmehr erlaubt sie uns, die ganze Reichweite unserer Gefühle zu erkennen, der Welt feinfühlig gegenüber zu stehen und uns dennoch nicht von all dem, was wir fühlen, überwältigen zu lassen.

XV

Achtsamkeit der Gedanken

Schwer unter Kontrolle zu halten,
Wechselhaft—läßt sich nieder, wo er will; der Geist.
Gut ist es, ihn zu zähmen.
Ein gezähmter Geist bringt Wohlergehen.
So schwer zu sehen,
So überaus fein—läßt sich nieder, wo er will; der Geist.
Der Weise sollte auf ihn achten.
Ein behüteter Geist bringt Wohlergehen.
Dhammapada 35-36

     Manche glauben, dass der Sinn der Meditation ist, mit dem Denken aufzuhören—also einen stillen Geist zu erlangen. Das geschieht zwar manchmal, ist aber nicht unbedingt die Absicht der Meditation. Gedanken sind ein wichtiger Teil unseres Lebens, und die Praxis der Achtsamkeit muss kein Kampf gegen sie sein. Es kann uns daher mehr nützen, uns mit den Gedanken anzufreunden, als sie für eine bedauerliche Ablenkung zu halten. In der Achtsamkeit geht es nicht so sehr darum nicht zu denken, als zu vermeiden, sich in Gedanken zu verlieren.

Achtsamkeit bedeutet aber auch nicht, dass wir einfach über alles Mögliche nachdenken. Sie ist eine nicht-abschweifende Beobachtung unseres Lebens in all seinen Aspekten. In Zeiten, wenn das Denken überwiegt, ist die Achtsamkeit das klare und stille Bewusstsein, dass wir denken. Mir gab einst jemand den guten und beruhigenden Rat „für den Zweck der Meditation, gibt es nichts, worüber es sich lohnt nachzudenken." Gedanken können kommen und gehen wie sie wollen, ohne dass wir uns in sie hineinziehen lassen. Wir beabsichten also nicht, uns mit dem Inhalt der Gedanken zu beschäftigen. Achtsamkeit der Gedanken bedeutet nur, dass wir erkennen, dass wir denken.

Wenn die Gedanken in der Meditation subtil und nur im Hintergrund vorhanden sind, oder wenn willkürliche Gedanken uns von der Achtsamkeit der Gegenwart ablenken, brauchen wir nur zur Achtsamkeit des Atmens zurückzukehren. Wenn aber die Gedanken ganz von uns Besitz genommen haben und so stark sind, dass wir uns nicht von ihnen befreien können, lassen wir unsere Achtsamkeit einfach in dem Bewusstsein ruhen, dass Denken stattfindet.

Wenn wir ganz in unsere Gedanken vertieft sind und uns mit ihnen identifizieren, führt dies oft zu starken Denkphasen. Klares Beobachten des Denkens erlaubt uns, aus dem Kreis der Identifikation herauszutreten, und damit das Denken zu einem ruhigen, unaufdringlichen Strom abzumildern.

Manchmal wird das Denken stark und zwingend, selbst wenn wir uns dessen ganz klar bewusst sind. In diesem Fall kann es helfen zu beobachten, wie sich das Denken auf unseren Körper auswirkt. Vielleicht spüren wir Druck im Kopf, Spannung in der Stirn, starre Muskeln in den Schultern oder ein Surren im Gehirn wie von tausend Bienen. Wir begegnen dann all diesen Gefühlen von Spannung und Druck, oder was auch immer wir entdecken, mit unserer ganzen Achtsamkeit. Es ist leicht, im Inhalt unserer ablenkenden Gedanken gefangen zu sein, aber wenn wir uns auf die körperlichen Empfindungen konzentrieren, lenken wir unsere Aufmerksamkeit auf den jetzigen Augenblick, nicht auf den Gegenstand der Gedanken.

Sollte ein bestimmtes Thema immer wieder auftauchen, wird es wahrscheinlich von einem starken Gedanken-Anliegen hervorgerufen. Wie oft wir auch dieses wiederholte Anliegen erkennen und zum Atem zurückkehren, mag es doch immer wieder aufkommen, wenn wir die damit verbundenen Gefühle nicht erkennen. Menschen, die zum Beispiel viel planen, können zu der Erkenntnis kommen, dass den planenden Gedanken eine gewisse Besorgnis zugrunde liegt. Wenn wir uns diese Angst nicht eingestehen, kann sie sich zu einer ganzen Fabrik für neue planende Gedanken entwickeln. Wenn also immer wiederkehrende Gedankenstrukturen eintreten, versuche zu entdecken, welches Gefühl damit verbunden ist, und übe die Achtsamkeit der Gefühle. Festige dein Bewusstsein im jetzigen Augenblick und in dem Gefühl selbst. Wenn du das Gefühl anerkennst und bestätigst, werden die daraus entstandenen Gedanken ganz von selbst aufhören.

Gedanken sind ein unermesslicher Teil unseres Lebens, und viele unter uns verbringen eine Menge Zeit innerhalb der Gedankenwelt von Geschichten und Ideen. Die Achtsamkeitspraxis wird das Denken nicht verhindern, aber sie wird uns davor bewahren, allen aufkommenden Gedanken zwanghaft folgen zu müssen. Und das wiederum wird uns helfen ein Gleichgewicht zu erreichen, in dem unsere körperlichen, seelischen und geistigen Bestandteile zusammen arbeiten und zu einem Ganzen werden.

XVI

Achtsamkeit der Absichten

*Lebewesen sind
Besitzer ihres Karmas,
Erben ihres Karmas,
geboren aus ihrem Karma,
verwandt mit ihrem Karma,
getragen von ihrem Karma.
Welches Karma sie machen, im Guten oder im Bösen,
Davon sind sie die Erben.*
Anguttara Nikaya, V.57

Der Buddhismus stellt uns vor die große Frage: Ist für uns ein Leben ohne Leiden möglich? Eines der direktesten Wege, Seelenruhe und Zufriedenheit in die Achtsamkeitspraxis und ins Alltagsleben zu bringen, ist die Ergründung unserer Absichten. Während Handlungen in der äußeren wie auch in der inneren Welt Konsequenzen haben, gehören Zufriedenheit und Freiheit, auf die der Buddha hinwies, in die innere Welt unserer Absichten und Neigungen. Dies ist einer der Hauptgründe, weshalb der Buddha so hohen Wert auf die Beachtung unserer Absichten legte.

Die buddhistische Praxis befürwortet eine tiefe Würdigung des jetzigen Augenblicks. Das bestärkt unsere Fähigkeit, in der Gegenwart kreativ zu reagieren und nicht automatisch nach Gewohnheit oder Neigung zu handeln. Die Achtsamkeit bringt uns dahin, wo eine Wahl möglich wird. Je klarer wir unsere Absichten erkennen, umso größer wird die Möglichkeit, frei Entscheidungen zu treffen. Menschen, die nicht sehen, dass sie eine Wahl haben, glauben keine Wahl zu haben. Sie reagieren oft mechanisch, blind und abhängig von Umständen und Reflexen. Achtsamkeit hilft uns Impulse zu erkennen bevor wir handeln, und gibt uns so die Gelegenheit zu entscheiden, wie oder ob wir handeln wollen.

Der traditionellen buddhistischen Lehre zufolge liegt jedem „Denk-Moment" eine Absicht zu Grunde. Das deutet an, wie unglaublich subtil sich das Treffen von Entscheidungen auf unser Leben auswirkt. Wenige unter uns halten den Körper still, außer vielleicht während der Meditation oder im Schlaf. Jeder Bewegung der Arme, Hände oder Beine geht ein gewollter Impuls voraus, der gewöhnlich unbemerkt bleibt. Selbst bei anscheinend geringfügigen und oft unbemerkten Entscheidungen spielt Absicht eine Rolle—worauf wir achten, zum Beispiel, und worüber wir nachdenken. So wie steter Tropfen langsam den Stein höhlt, so gestaltet die Ansammlung dieser kleinen Entscheidungen unsere Person.

Absichten—bemerkt oder unbemerkt, offenbar oder subtil—tragen entweder zu unseren Leiden oder zu unserem Wohlergehen bei. Absichten werden manchmal mit Samenkörnern verglichen. Was in deinem Garten wächst, hängt von den Samen ab, die du gesät und begossen hast. Noch lange nachdem eine Tat vollbracht ist, verbleiben die Spuren und das Nachklingen der ihr unterliegenden Absicht wie ein Samenkorn, das unser zukünftiges Glück oder Unglück beeinflusst. Wässern wir die Absicht für Hass oder Begierde, sprießt das ihnen innnewohnende Leiden in dem Augenblick in dem wir die Absicht verwirklichen, wie auch in der Zukunft in der Form von vertieften Gewohnheiten, Spannungen und schmerzhaften Erinnerungen. Nähren wir die Absicht für Güte und Großzügigkeit, wird das ihr innewohnende Glück ein immer wiederkehrender Teil unseres Lebens.

Manche Willensakte hemmen das Erwachen unseres Bewusstseins. Ein Beispiel dafür ist absichtliches Lügen. Man hat Angst ertappt zu werden, leidet unter der oft folgenden Notwendigkeit weiterer Täuschung und Verschleierung der Wahrheit. Das alles bestärkt die Tendenz besorgt zu sein, und ist somit das Gegenteil der Wachsamkeit.

Eine wichtige Funktion der Achtsamkeitspraxis ist, die unmittelbaren, wie auch die späteren Konsequenzen unserer absichtlichen Handlungen deutlich zu machen. Ein klares Verstehen der Konzequenzen hilft uns, ausgewogene und weise Entscheidungen zu treffen, und nicht einfach das zu tun, wozu wir gerade Lust haben. Ein realistischer und vernünftiger Sinn für Konsequenzen verhindert, dass unsere „guten" Absichten nicht mehr sind als nur naive Absichten sind. Dies hilft uns auch zu erkennen, welche

Entscheidungen unsere spirituelle Praxis fördern, und welche sie beeinträchtigen.

Es gibt verschiedene Wege, das Bewusstsein der Absichten in die Achtsamkeispraxis zu integrieren.

Der wichtigste ist vielleicht, dass du sehr genau überlegst was deine tiefsten Absichten sind. Was ist der tiefste Wunsch deines Herzens? Was ist für dich von höchstem Wert oder Vorrang? Achtsamkeitspraxis, die mit den tiefsten Absichten verbunden ist, trägt andere Früchte als eine Praxis, die sich mit mehr oberflächlichen Belangen beschäftigt. Ein Berufsmensch, der die Achtsamkeitspraxis pflegt, um Stress zu reduzieren und damit der Konkurrenz überlegen zu sein, sät Saat für ganz andere Resultate als ein Mensch, der Achtsamkeit pflegt, um Mitgefühl und Hilfsbereitschaft zu stärken. Wenn die Bemühung achtsam zu sein von Habgier getrieben ist, bestärkt diese Bemühung automatisch die Spannung oder Gedankenlosigkeit, die Habgier mit sich bringt. Wenn die Bemühung von Güte und Wohlwollen herrührt, bekräftigt sie die innere Offenheit und Empfindsamkeit der liebenden Güte.

Ich bin überzeugt, dass eine tägliche Meditationspraxis von hohem Nutzen ist. Aber ich glaube auch, dass es von noch größerem Vorteil ist, täglich ein paar Minuten damit zu verbringen, über unsere tiefsten Absichten nachzudenken. In unserem arbeitsreichen Leben vergessen wir leicht, welche unsere grundlegenden Werte und Motivierungen sind. Wenn wir sie uns in Erinnerung bringen, wird es möglich, dass die Entscheidungen die wir treffen, von diesen Werten geprägt sind. Wenn es uns obendrein gelingt, unterhalb der oberflächlichen Wünsche oder Abneigungen die tieferen Strömungen unseres Geistes zu entdecken, erschließt sich uns ein gewaltiger Schatz an Inspiration und Motivation. Zum Beispiel nahm ich mir einmal vor, mir bei jeder Aufgabe des Tages der ihr unterliegenden Absicht bewusst zu werden, und damit die Aufgabe von meinem tieferen Gefühl der Absicht prägen zu lassen. Selbst eine anscheinend prosaische Pflicht wie einkaufen zu gehen wurde so zur Gelegenheit meine Absicht, den Menschen mit Mitgefühl und Fürsorge zu begegnen, gestärkt. Diese einfache Übung brachte mir viel Freude.

    Eine weitere Art, Absichten in unsere Praxis zu integrieren, ist vor dem Beginn jeder neuen Tätigkeit eine kleine Pause zu machen, nur so lange um uns unserer Motivierung bewusst zu werden. Eine Absicht zu erkennen nachdem eine Tätigkeit begonnen hat, ist wohl nützlich, kann aber dem Versuch gleichen, einen schon geworfenen Ball zurückholen zu wollen. Die Schwungkraft ist in Bewegung versetzt.

    Wir können die Absichten hinter den großen Belangen, wie persönliche Beziehungen, Arbeit oder Freizeit, untersuchen und überlegen was uns motiviert, und in welchem Bezug Entscheidungen zu unseren tiefsten Absichten stehen. Ähnlich, können wir die Absichten untersuchen, die unsere Wahl bestimmen bei geringfügigeren Fragen wie zum Beispiel was und wann wir essen wollen, wie wir Autofahren, was wir lesen oder fernsehen. Basiert unsere Entscheidung auf Angst,

Widerwillen, Einsamkeit oder Sucht, oder auf Großzügigkeit und dem Wunsch weise zu handeln? Verschiedene Beweggründe müssen nicht unbedingt gut oder schlecht sein. Sie können aber ganz verschiedene Konsequenzen herbeirufen, selbst wenn die von ihnen verursachten Handlungen sich äußerlich ähneln.

Wenn wir versuchen, auf alle unsere Motivierungen gleichzeitig achtzugeben, kann uns das leicht überwältigen. Nützlicher wäre es, sich für eine bestimmt Zeit auf eine einzelne Handlung zu konzentrieren. Man kann zum Beispiel während einer Woche Experte werden für all die vielerlei Absichten, die dem Essen, Einkaufen oder Saubermachen unterliegen.

Eine der wichtigsten Anwendungen der Achtsamkeit der Absichten betrifft die Sprache. Nur allzu oft sprechen wir ohne jedwede Überlegung. Die Beobachtung der eigentlichen, vielfaltigen Ursachen unserer Reden gibt uns tiefe Einsichten in unser innerstes Herz. Das Sprechen ist nur selten eine einfache Übermittlung von Information oder ein Ausdruck von Mitgefühl. Es ist eng verbunden mit unseren Hoffnungen und Ängsten, mit wie wir uns selbst sehen, und wie wir von anderen gesehen werden wollen. Wenn wir gute, förderliche Absichten von ungesunden Absichten unterscheiden, kann uns das als ein nutzbringendes Kriterium dienen, für wann wir sprechen und wann wir in weisem Schweigen Zuflucht finden sollten. Das Sprechen kann unsere spirituelle Praxis gewaltig unterstützen oder untergraben.

Achtsamkeit und Absicht sind die beiden Eckpfeiler der buddhistischen Praxis. Wenn wir die Aufmerksamkeit auf unsere Absichten lenken, bedeutet das nicht, wie manche fürchten, ein Leben von endloser, anstrengender Selbstkritik zu führen. In Unsicherheit und ständiger Selbstbetrachtung befangen zu sein, kann uns erschöpfen, Bewusstsein jedoch nicht. Je klarer und weiser wir unsere Absichten erkennen, umso tiefer wird unsere Seelenruhe und umso geringer unsere Selbstbezogenheit.

Den buddhistischen Weg der Achtsamkeit zu gehen bis zu seinem Ende, bis zum Beenden des Leidens, bis zum Unsterblichen, erfordert großen Einsatz. Wenn wir in der Meditationspraxis unsere Absichten mit Weisheit beachten, wächst damit der Nutzen dieser Bemühungen.

Mögest du deine Absichten mit Aufmerksamkeit und Weisheit erkennen, und möge diese Erkenntnis dazu beitragen, das Leiden in der Welt zu lindern.

XVII

Naturforscher

*Wie eine Biene—
die ohne die Blüte, ihre Farbe, ihren Duft zu beschädigen-
ihren Nektar nimmt und davonfliegt:
so sollte der Weise durch ein Dorf gehen.*

Dhammapada 49

In der Achtsamkeitsmeditation lernen wir, gegenwärtig zu sein für alle Dinge so wie sie sind. Dabei kann es hilfreich sein, die Haltung eines Naturforschers anzunehmen. Naturforscher beobachten die Natur einfach nur, ohne einzugreifen, ohne die eigenen Ansichten ins Spiel zu bringen. Wenn ein Wolf ein Reh reißt, beobachtet das der Forscher ohne ein Urteil zu fällen. Wenn eine Pflanze eine atemberaubend schöne Blüte hervorbringt, lässt er sie unberührt und erliegt nicht dem Verlangen, sie zu pflücken, um sie mit nach Hause zu nehmen.

In der Meditation beobachten wir uns selbst, so wie ein Naturforscher die Natur beobachtet—ohne etwas zu verdrängen, zu leugnen, an sich zu nehmen oder zu verteidigen. Das bedeutet, dass wir unser Leben mit Präsenz beobachten, ohne einzugreifen. Wir erleben Ärger, Schwermut, Angst, Glück, Freude, Schmerz und Vergnügen unmittelbar, so wie sie sind, ohne Komplikationen. Die Perspektive des Naturforschers beruht auf Respekt für das Objekt ihrer Betrachtung. Das Wort „Respekt" ist ein schönes Synonym für die Achtsamkeitspraxis, weil es wörtlich „noch einmal hinblicken" bedeutet.

Die Beobachtung unseres Selbst wird oft problematisch, wenn wir Dinge im Leben persönlich nehmen. Niemand wird verneinen wollen, dass uns Gefühle und Gedanken, Sorgen und Freuden, Herausforderungen und Glücksfälle widerfahren. Aber wenn wir sie persönlich nehmen, erlauben wir, dass sie unseren Charakter bestimmen. Bedeutet es dass ich ein missmutiger Mensch bin, wenn Ärger aufkommt? Beweist eine persönlich genommene freigiebige Handlung, dass ich von großzügiger Natur bin? Die verbreitete Tendenz alles persönlich zu nehmen mag harmlos erscheinen, aber sie kompliziert oft ganz unnötig unsere Beziehung zu dem was geschieht und stiftet Verwirrung, wenn es um unsere Identität, unser Image und unsere Erwartungen geht.

Aus der Sicht der Naturforscher ist es nicht „mein Ärger" oder „meine Großzügigkeit". Vielmehr sehen sie lediglich „Ärger" oder einen „Großzügigkeitsimpuls". Ein solcher Wechsel in der Perspektive kann besonders bei körperlichen Beschwerden von Nutzen sein. Wenn Schmerzen zu „meinen Schmerzen" werden, kann es leicht zu dem bedrückende Gefühl führen, selbst verantwortlich zu sein. Wenn wir sie nur als „Schmerzen" sehen, ist es leichter uns von diesen Gefühlen zu befreien und sie nicht zu schwer zu nehmen.

Was uns auch oft das Leben schwer macht, ist die Gewohnheit jede Erfahrung als „gut" oder „schlecht" zu beurteilen. Naturforscher kennen diese Werte nicht; die Natur entfaltet sich einfach so wie sie ist. Während der Achtsamkeitsmeditation brauchen auch wir unsere Erfahrung nicht als entweder gut oder schlecht zu bewerten. Wir sehen sie einfach wie sie ist und wie sich die Dinge entfalten.

Wenn wir uns beim Meditieren die Perspektive eines Naturforschers zu eigen machen, entwickelt sich die Fähigkeit neutral und objektiv zu werden und nicht auf jedes Erlebnis reagieren zu müssen. Durch diese Perspektive wird es einfacher zu entdecken, wie wir weiser auf alle Lebenslagen eingehen können. Wenn wir erst einmal klare Sicht haben, kann es vorkommen, dass wir unter gewissen Umständen die Notwendigkeit zum Eingreifen erkennen. Ein Naturforscher kann zum Beispiel entscheiden, dass eine nicht einheimische Pflanze aus einem empfindlichen Ökosystem entfernt werden muss. Auf diese Weise können wir auch unparteiische Zeugen unseres Ärgers oder unserer Begierde werden und uns dazu entscheiden sie zu entwurzeln.

Unser wunderbares Beobachtungs- und Denkvermögen macht es uns Menschen möglich, gleichzeitig Beobachter und Objekt zu sein. Wir sind

Naturforscher und Natur in einem. Wir sind die Natur, die sich selbst betrachtet. Durch unser Vermögen klar zu sehen, können wir die Natur sein, die sich selbst befreit.

XVIII

Im Einklang mit der Natur

Wer früher achtlos war,
Es später aber nicht ist,
Erhellt die Welt
Wie der Mond, wenn sich die Wolken verzogen haben.

Dhammapada 172

Jede spirituelle Praxis erfordert Wandel und den Wunsch nach Wandel: von einem Dasein voll Schmerz zu einem Leben ohne Leiden, von Aufregung zur Ruhe, von verschlossenem Herzen zu offenem Mitgefühl. Es ist oft der klare Wunsch nach Wandel—sogar das Bedürfnis danach—das die Menschen zu einer spirituellen Praxis bringt. Umgekehrt ist in manchen fortgeschrittenen buddhistischen Praktiken der Wunsch nach Wandel so subtil, dass er unbemerkt bleiben kann. Man lernt zum Beispiel die Welt zu akzeptieren wie sie ist, ohne etwas verändern zu wollen. Aber auch hierin besteht Wandel—vom Nicht-Akzeptieren zum Annehmen.

Es ist wichtig zu überlegen wie wir dem Prozess des Wandelsuchens gegenüber stehen. Gibt es schädliche und unschädliche Möglichkeiten Wandel herbeizuführen? Oft hilft es zu erwägen, ob der Wandel im Einklang mit der Natur oder als eine Handlung des Egos stattfindet.

Wir wissen, wie eine geschickte Gärtnerin das Gedeihen einer Pflanze unterstützt. Es kommt ihr nicht in den Sinn an dem jungen Trieb zu ziehen, um sein Wachsen zu beschleunigen. Noch würde sie je die Blütenblätter auseinanderziehen, um eine Blüte vor ihrer Zeit zu öffnen. Vielmehr schützt und nährt sie die Pflanze und lässt sie ihrer Natur gemäß wachsen und blühen.

In ähnlicher Weise geschehen viele der Vorgänge, die unser Leben erhalten ohne unser Eingreifen, sogar ohne dass wir uns dessen bewusst sind. Der Körper zum Beispiel erfüllt seine unglaublich komplizierten Aufgaben in einer Weise, die der Verstand allein nie völlig erfassen kann. Das Bewusstsein kann Vorgänge wie das Schlagen des Herzens und die Funktion des Kreislaufs oder des Immunsystems nicht lenken und bestimmen. Unsere Hauptaufgabe in diesen erstaunlichen Prozessen ist, dass wir sie schützen und nähren.

Im Kontrast zu diesem natürlichen Werden und Gedeihen steht die Art von Wandel, die dem Ehrgeiz, der Unsicherheit, Feindseligkeit, Angst oder Gier entspringt. Dank unseres außerordentlichen Vermögens abstrakt zu denken erlauben wir dem Ego, der Natur die Welt der Ideen aufzuzwingen, anstatt geduldig zu warten, bis die Natur uns zeigt was zu tun ist und wie wir damit ins Gleichgewicht kommen können. Eine Vorstellung, die wir unserer Erfahrung oft aufdrängen, ist der Glaube an Beständigkeit, welcher uns sodann mit der innewohnenden Unbeständigkeit aller natürlichen Vorgänge in Konflikt bringt. Auch wenn wir unser Selbstbild für unveränderlich halten, kann das den Ausdruck unseres natürlichen Wesens hemmen, und uns dazu bringen uns zu sehr an die „du musst", „du darfst nicht" Gebote der Welt anzupassen.

Ich glaube, dass sich eine spirituelle Praxis reibungslos entfalten kann, wenn wir lernen im Einklang mit der Natur zu leben. Ein nützliches Sinnbild dafür ist der Fluss. Wenn man sich mit ganzem Herzen zu einem spirituellen Leben bekennt, ist es als ob man in einen Fluss steigt, der am Ende in ein großes Meer mündet. Um zu diesem Meer zu gelangen, brauchen wir nichts anderes tun als hineinzusteigen und dabeizubleiben. Vertrauen, Ausdauer, Achtsamkeit, Klarheit und Einsicht tragen uns auf der Fläche des Wassers. Es liegt in der Natur des Flusses, uns mühelos zum Ziel zu bringen. Doch wenn wir uns wehren und gegen den Strom ankämpfen, erschöpfen wir unsere Kräfte im vergeblichen Kampf gegen das natürliche Fließen.

Das Flussgleichnis steht in grundlegendem Kontrast zu dem bekannten Sinnbild, das den spirituellen Weg mit dem Ersteigen eines Berges vergleicht. Das mühelose Fließen wird hier zu harter Arbeit, zu unablässiger, mühseliger Anstrengung, die eine vom Ego getriebene Spiritualität mit sich führen kann. Die Reise ist schwer, und das deutet an, dass sie nicht jeder schafft. Der Gipfel mag schmal sein, und das deutet an, dass nicht für alle Platz ist.

Der Vergleich mit dem Fluss bringt zum Ausdruck, dass die Meditationspraxis im Einklang mit der Natur steht, im Einklang mit der Wahrheit. Das bedeutet aber nicht, dass in dieser Praxis nichts von uns verlangt wird. Ein schnell fließender Fluss erfordert Aufmerksamkeit und geschicktes Steuern um im Fahrwasser zu bleiben und Felsen und Strudel zu vermeiden. Die Natur zu entdecken und uns mit ihr in Einklang zu bringen, erfordert Achtsamkeit und Überlegung unterstützt von Seelenruhe und innerer Standhaftigkeit. Das bedeutet oft, dass wir lernen müssen, den Dingen ihren Lauf zu lassen und das natürliche Entfalten und Heilen nicht zu stören. Wir wissen vielleicht selbst nicht immer was sich alles entwickeln kann, wenn wir unserem Bewusstsein genug freien Raum geben. Wie eine Blume, die Wasser und Nährstoffe braucht, so öffnet sich unser inneres Leben in seiner eigenen Art und zu seiner eigenen Zeit, wenn wir es mit Aufmerksamkeit, Mitgefühl und Akzeptanz nähren.

Wenn wir mit der Natur im Einklang sein wollen, müssen wir sie sorgfältig studieren. Dabei hilft es, auch die Art und Weise zu untersuchen, in der wir gegen die Natur anarbeiten wenn wir feindselig oder verächtlich, anspruchsvoll, hastig, herzlos oder kleinlich sind.

Eine weitere Art die Natur zu studieren, ist durch Achtsamkeit des Körpers. Unsere Körper sind ja ein klarer Ausdruck der Natur und vielleicht die engste Verbindung zu ihr. Dem Körper Achtsamkeit zu schenken bedeutet, dass wir versuchen zu erkennen, was sich im Körper bewegt und was sich bekunden und ausdrücken will. Viele unserer Willensäußerungen, Wünsche, Ängste, Hoffnungen, Verständnisse und Gefühle sind im Körper spürbar. Sich der Natur zu widersetzen heißt, alles wie eingefroren im Körper festhalten zu wollen. Aber auch blindlings auf alles zu reagieren, geht gegen die Natur.

Wenn wir im Einklang mit der Natur sind, entdecken wir, dass wir selbst Natur sind. Im Buddhismus gibt es den Spruch: „Wer mit dem Dharma praktiziert, ist beschützt vom Dharma." Man könnte auch sagen, wer im Einklang mit der Natur praktiziert, ist beschützt von der Natur. Wer mit der Wahrheit arbeitet, ist beschützt von der Wahrheit.

Mögt ihr alle von Eurer Natur beschützt sein.

XIX

Ärger

Wer, wenn Ärger aufkommt,
völlige Kontrolle behält
wie bei einem Renngespann:
den nenne ich einen meisterlichen Wagenlenker,
jeden anderen, einen Zügelhalter—mehr nicht.
Dhammapada 222

Wenn es um Ärger geht gibt es zwischen den Lehren des Buddhismus und der westlichen Einstellung oft einen großen, spannungsgeladenen Unterschied. Wenn ich über Ärger spreche—wie man damit umgehen kann, dass man sich nicht davon beherrschen lassen muss, wie man ihn loslassen kann—dann sagt immer jemand, „ich finde nicht, dass Ärger schlecht ist oder dass wir ihn loswerden müssen. Ärger kann eine sehr nützliche Rolle spielen in unserem Leben." Diese Kommentare stammen sicher aus der falschen Annahme, dass unser Wort „Ärger" dasselbe bedeutet wie der Begriff des Ärgers, der in den buddhistischen Schriften vorkommt und der oft ein anderes Gefühl, eine andere Erfahrung beschreibt.

Das buddhisische Wort *dosa*, gewöhnlich mit „Ärger" übersetzt, heißt genau genommen „Feindseligkeit", wobei wir nicht vergessen dürfen, dass Feindseligkeit in der ganzen Reichweite der Gefühle vorhanden sein kann, von leichter Abneigung bis zu einem ausgewachsenen Wutanfall. Das deutsche Wort „Ärger" muss aber nicht unbedingt mit Feindseligkeit verbunden sein. Wir haben eine lange Tradition im Westen, bestimmte Formen des Ärgers ohne Feindseligkeit als angemessen zu akzeptieren, zum Beispiel im Kampf gegen Unrecht.

Dosa brennt in einem Menschen, der von Ärger erfüllt ist. In den klassischen buddhistischen Lehren wird das Gefühl des Ärgers mit dem Gefühl verglichen, ein Stück glühender Kohle in den Händen zu halten. Für Buddhisten ist es nie gerechtfertigt, aus Ärger heraus zu handeln. Sie sehen *dosa* als eine Form des Leidens und die buddhistische Praxis als dazu bestimmt dieses Leiden zu lindern.

In einer der alten buddhistischen Schriften wird *dosa* mit „Gift vermischtem Urin" verglichen. Im alten Indien glaubte man, dass im Urin Heilkräfte vorhanden sind; er galt als unangenehm aber heilsam. Wenn man aber Urin mit Gift mischt, wird dieses unangenehme Mittel auch noch schädlich. Manchmal wird ein nachdrückliches „Nein!" von uns verlangt, auch wenn es unangenehm ist. Aber ein starkes „nein" mit Feindseligkeit vermischt ist, als ob man Urin mit Gift mischt.

Dosa hält die Menschen von unserem Herzen fern, trennt sie von unserer Güte und Fürsorge. Wir müssen nicht unbedingt Ärger vermeiden, aber wir müssen uns davor hüten andere aus unserem Herzen auszuschließen.

Wie können wir mit dieser komplizierten Empfindung umgehen?

Die Meditation kann hier sehr hilfreich sein. Wenn wir meditieren, können wir unseren Ärger ohne Hemmung, Beurteilung oder Deutung erleben. Die Entdeckung, dass wir Ärger spüren und beobachten können ohne uns dagegen zu wehren oder uns damit befassen zu müssen, kann große Erleichterung mit sich bringen. Die Meditation mag sogar der sicherste Ort sein an dem wir, ohne ihn zu verurteilen oder zu billigen, unserem Ärger freien Lauf zu lassen können.

Mit nicht-reagierender Achtsamkeit als Fundament können wir Ärger in Körper, Gefühlen und Gedanken ergründen, was uns wiederum eine Welt der Selbsterkenntnis eröffnen kann.

Ärger ist oft nach außen gerichtet, gegen andere Menschen, Gegenstände, Vorfälle oder sogar uns selbst. In der Achtsamkeitsmeditation wenden wir unsere Aufmerksamkeit von diesen äußerlichen Dingen ab und lenken sie nach innen, um die tieferen Ursachen des Ärgers zu entdecken und das Gefühl des Ärgers ganz subjektiv zu erfahren.

Wir können unseren Ärger durch die
Empfindungen im Körper näher kennenlernen. Oft
macht sich Ärger mit einem Gefühl von Hitze,
Beklemmung, Pulsieren oder Zusammenziehen der
Muskeln bemerkbar. Wir atmen schwer oder schnell,
oder bekommen Herzklopfen. Weil wir diese
Empfindungen direkt und im jetzigen Augenblick
erleben und unsere ganze Aufmerksam darauf richten,
hilft uns das, unsere Fixierung auf das äußere Objekt
des Ärgers zu mindern. Und wenn wir aufhören
können, die misslichen Angelegenheiten, die uns so
verärgert haben, immer wieder zu überdenken, erlaubt
uns das seinerseits dem Ärger selbst ganz gegenwärtig
zu sein.

Es ist wichtig die Aufmerksamkeit von den
äußeren Anlässen des Ärgers, die ganz verschieden sein
können, abzuwenden, weil die *direkten* Ursachen des
feindseligen Ärgers innerhalb des Menschen liegen.
Unter diesen Ursachen findet man Abneigung, Gier,
Unwille, Angst, Selbstverteidigung und andere
Reaktionen, die ganz unnötig sein können und oft in
schwierigen Situationen den größten Schmerz
hervorrufen. Ein altes Sprichwort besagt, dass „ein
Feind dich körperlich verletzen kann, wer aber dein
Herz verletzen will braucht Hilfe von Deinem Ärger."

Die Wurzeln feindseligen Ärgers scheinen in der
Angst vor unserem eigenen Schmerz zu liegen. Wenn
wir mit Traurigkeit, Einsamkeit, Furcht, Enttäuschung
oder Leid konfrontiert sind, lenken wir den Ärger nach
außen, um uns vor diesen Gefühlen zu schützen. Es ist
ein bedeutender Schritt in Richtung Freiheit, wenn wir

lernen, den Schmerz mit Hilfe unserer Gefühlszustände und körperlichen Empfindungen ehrlich zu begutachten, ohne das Gefühl dagegen angehen zu müssen.

    In meinem eigenen Leben habe ich gelernt, dass mein Ärger oft zwei hauptsächlichen Quellen entspringt: Angst und Verletztsein. Wenn Ärger in mir aufsteigt, versuche ich mich, wenn möglich und den Umständen entsprechend, aus der Situation zurückzuziehen um mir zu überlegen, was in meinem Inneren geschieht. Wenn ich merke, dass Angst oder Verletztsein dem Ärger zugrunde liegen, kann ich zurückkommen und aus dieser Perspektive das Problem besprechen. Gespräche sind dann oft leichter zu führen, zum Teil weil ich so niemanden beschuldige. Dadurch wird es für die andere Person leichter, ohne Selbstverteidigung und Gegenreaktion zu antworten. Oft erkennt mein Gesprächspartner dann auch seine eigene Verantwortlichkeit.

    Ärger ist immer ein Signal. Achtsamkeit kann klären worum es geht. Manchmal deutet das Signal an, dass in der Außenwelt etwas berichtigt werden muss; manchmal ist im Inneren nicht alles in Ordnung. Im Mindestfall zeigt uns das Signal, dass jemand leidet. Wahrscheinlich bist du es. Verweile still im Aufruhr deines Ärgers und finde deinen Weg aus diesem Leiden.

XX

Angst

*Für jemanden mit wachem, unbeirrtem Geist,
unangefochtenem Gewahrsein,
der gute und schlechte Taten aufgegeben hat,
gibt es keine Gefahr,
keine Furcht.*
Dhammapada 39

Wenn wir uns in spirituelle Praxis vertiefen, können wir erwarten, dass uns klar wird bis zu welchem Grad Furchtsamkeit und Angst nicht nur in uns existieren, sondern manchmal sogar unser ganzes Leben beherrschen. Wir sehen, dass ein großer Teil unseres Lebens von Gefühlen wie Angst, Furchtsamkeit, Unruhe, Sorgen, Ängstlichkeit oder Misstrauen beeinflusst ist, wahrscheinlich viel mehr als uns bewusst ist. Angst ist die Ursache vieler psychischer Leiden, und ein wichtiger Teil unserer Achtsamkeitspraxis ist es, uns mit diesem Gefühl zu befassen—es so weit zu verstehen und zu akzeptieren, dass wir nicht mehr unter seinem Einfluss leben müssen.

Wie sehr Angst an uns zehren kann, wird offensichtlich, wenn sie uns von normalen Beschäftigungen abhält. Auch unsere Bemühungen der Angst zu widerstehen, sie zu vermeiden oder uns über sie hinwegzutäuschen können uns schwächen. Am Besten folgen wir dem Beispiel des zukünftigen Buddha. Wenn Angst in ihm aufstieg, bezog er sie in seine Meditationspraxis ein. Wir können dasselbe tun. Wir können lernen mit unserer Angst zu meditieren und so wenigstens ihren uns schwächenden Einfluss zu bewältigen, wenn vielleicht auch nicht die Angst selbst.

Die Achtsamkeit gegenüber der Angst beginnt damit, dass wir ihre unmittelbaren und offensichtlichen Symptome erkennen. Wir analysieren sie nicht, versuchen nicht ihre Schichten zu entwirren oder ihre Wurzeln zu erforschen. Unsere Aufgabe als Achtsamkeitsmeditierender besteht nur darin, dem Gefühl, mit dem wir konfrontiert sind, direkt und ohne Komplikationen zu begegnen.

In vielen Fällen reagieren wir auf unsere Erfahrungen in verschiedenen Phasen oder Entwicklungsstufen. Wenn man zum Beispiel Angst hat zu versagen, dann fürchtet man vielleicht die Angst selbst und macht sich dafür ärgerliche Vorwürfe. Dann schämt man sich, weil man sich geärgert hat und fühlte sich schuldig, weil man es eigentlich besser wissen müsste. Und so weiter.

Oft verbringen wir unser Leben in der vierzehnten oder fünfzehnten—vielleicht sogar in der hundertfünfzehnten Entwicklungsstufe der Reaktion auf unser ursprüngliches Gefühl. Unsere Aufgabe in der Achtsamkeitspraxis ist dort wach zu werden wo wir uns gerade befinden, auch wenn es die hundertfünfzehnte Stufe ist, und uns nicht weiterhin das Leben selbst schwer zu machen. Wir versuchen diese neueste Stufe zu akzeptieren, sie nicht schwieriger zu machen als sie ist und eine unmittelbare Beziehung der Wirklichkeit gegenüber zu entwickeln. Je konzentrierter unsere Achtsamkeit wird, umso früher werden wir wach, bis wir uns schließlich auf der ersten Stufe wiederfinden.

Wenn wir in der Meditation mit Angst arbeiten, ist es nicht immer nötig die Angst direkt zu konfrontieren, besonders wenn sie überwältigend ist. Stattdessen versuchen wir in der Mitte des Sturms ruhig zu bleiben. Das klassische Hilfsmittel dafür ist das achtsame Atmen. Je mehr das Bewusstsein sich in das Atmen vertieft, desto weniger befasst es sich mit der Angst und nimmt ihr damit einen Teil ihrer Kraft.

Wenn wir ausreichend Ruhe entwickelt haben, dass uns die Angst nicht mehr in ihrer Gewalt hat, kann es sehr hilfreich sein die Angst selbst genauer zu untersuchen. In der Achtsamkeitspraxis versuchen wir nicht die Angst zu verneinen oder sie loszuwerden—das würde sie nur stärken. Stattdessen prüfen wir sie, fühlen sie und werden Experten der Angst. Das bringt mit sich, dass sie uns weniger zu schaffen macht. Auch verringert es die Wahrscheinlichkeit, dass andere Gefühle wie Ärger, Verlegenheit, Gewissensbisse,

Entmutigung oder weitere Angst in uns wachgerufen werden. Wenn wir vorhandene Gedanken oder körperliche Wahrnehmungen genau beachten, treten wir aus dem Bann der Angst heraus und verhindern so, dass wir uns mit ihr identifizieren.

Eine der besten Methoden Angst zu verstehen ist sie im Körper zu fühlen. Verursacht sie Herzklopfen oder Magenschmerzen? Haben wir ein Gefühl schmerzlicher Verwundbarkeit? Wenn die Angst sehr stark ist, kann es schwierig sein sie direkt zu konfrontieren. In diesem Fall atmen wir mit und durch das Unbehagen hindurch, als wäre der Atem eine Massage. Wenn wir mit den Empfindungen im Einklang atmen, können wir uns durch Angst hindurch bewegen ohne uns von ihr ergreifen zu lassen.

Wenn wir in der Meditation genug Festigkeit erreicht haben, kann es uns sehr helfen, wenn wir uns auf die körperlichen Empfindungen, die mit der Angst verbunden sind, konzentrieren. Dadurch dass wir die Aufmerksamkeit im stärksten Gefühl, in dem sich die Angst bemerkbar macht, verankern, gibt sich uns die Möglichkeit uns von Gedanken und Ideen zu befreien, die die Angst verursachen. Während der Meditation sind diese Überlegungen für das, was im gegenwärtigen Augenblick geschieht, größtenteils bedeutungslos. Die körperlichen Symptome der Angst in Achtsamkeit zu halten, erweitert das Bewusstsein, so dass uns diese Gefühle ungehindert durchfließen können. Ein großer Teil der Spannung, der Bedrängtheit und Enge beginnt sich langsam zu lösen, wenn diese Gefühle in liebevoller Achtsamkeit gehalten werden.

Die Angst, die vielen Menschen in unserer Gesellschaft zu schaffen macht, hat selten mit unmittelbarer Gefahr zu tun. Vielmehr ist sie vielfach das Resultat von Ideen und Vorstellungen von dem was in der Zukunft passieren könnte. Diese Vorstellungen schüren Angst, Sorge und Unruhe. Wenn wir unsere Achtsamkeitspraxis einsetzen, lernen wir nach und nach unsere Aufmerksamkeit auf die immer wiederkehrenden Gedanken zu lenken, die mit unseren Ängsten verbunden sind. So wird es uns möglich die üblichen Elemente der Angst zu erkennen und ihre grundliegenden Auslöser zu verstehen.

Wenn wir beginnen die verschiedenen Seiten der Angst zu erkennen und zu verstehen was sie verursacht, dann können wir auch anfangen uns zu fragen, inwieweit unsere Befürchtungen den Tatsachen entsprechen. In meiner Meditationspraxis habe ich oft erlebt, dass meine Ahnungen und Sorgen in bestimmten Situationen mit der Wirklichkeit nur wenig zu tun hatten, und das hat mir geholfen viele meiner Ängste zu überwinden. Zum Beispiel, habe ich mir einmal zwei Tage lang wegen eines Meetings Sorgen gemacht, das dann letztendlich abgesagt wurde. Schmerzhafte Erfahrungen dieser Art passierten nicht nur vereinzelt, sondern immer wieder, und langsam wurde mir klar was für eine Zeitverschwendung diese Sorgen waren. Was in der Zukunft passierte war oft völlig anders, als ich es mir vorgestellt hatte, und ich begann die Glaubwürdigkeit meiner Ängste zu bezweifeln. Manchmal reift Weisheit nur, wenn wir eine Erfahrung immer wieder machen. Oft, wenn wir uns von etwas befreien wollen, müssen wir es erst sehr genau kennenlernen. In meiner Erfahrung gehören Sorgen in diese Kategorie.

Eine weitere Art mit Angst zu praktizieren, ist zu untersuchen ob möglicherweise unsere eigenen Einstellungen und Meinungen die Angst steigern. Auch wenn wir wissen wovor wir uns fürchten, ist es nicht immer klar welche Ansichten zu diesen Ängsten beitragen. Vielleicht weißt du zum Beispiel, dass du dir ständig Gedanken machst, was andere Leute von dir halten. Aber es ist dir nicht bewusst, dass du der Ansicht bist, so sein und handeln zu müssen, wie andere es richtig finden, um von ihnen akzeptiert zu werden. Oder vielleicht denkst du, dass du nur durch die gute Meinung anderer bestätigt sein kannst. Wenn wir nach diesen Ansichten Ausschau halten und sie dann in Frage stellen, können wir ihnen langsam die Fähigkeit nehmen uns zu beeinflussen.

Der Buddha lehrte, dass auch die Metta-Meditation ein Gegenmittel für Angst sein kann. Wenn du Schwierigkeiten hast die Angst in Achtsamkeit zu halten, ist es vielleicht besser eine Weile zur Metta-Meditation überzugehen um etwas Weite und Ruhe zu finden. Danach wird es leichter zur Untersuchung der Angst zurückzukehren.

In der Meditation und Achtsamkeitpraxis lernen wir Angst durch Vertrauen zu ersetzen—nicht als einen abstrakten Begriff oder als ein Ideal, sondern als ein Gefühl des Selbstvertrauens, das dem genauen Erkennen der Angst entspringt. Viele Menschen haben

Angst vor der Angst, spüren eine gewaltige Abneigung gegen sie, und weigern sich, vollends auf sie einzugehen. Wenn wir uns aber erlauben unsere Angst gänzlich zu erleben, lernen wir schließlich, dass uns das nicht überwältigen muss. Vertrauen wächst, nicht weil wir uns dazu zwingen, sondern weil wir aus eigener Erfahrung entdeckt haben, dass wir gänzlich auf unsere Gefühle eingehen können ohne von ihnen überwältigt zu werden.

Manche von uns haben sich überzeugen lassen—von der Gesellschaft, den eigenen Erfahrungen oder der eigenen Logik—dass wir der eigenen Natur nicht trauen können. Wir wenden uns ab von uns selbst und unserer Erfahrung. In der Achtsamkeitspraxis lernen wir, dass wir nicht versuchen müssen unsere Gefühle loszuwerden oder sie zu beherrschen, sondern dass wir ihnen unsere Aufmerksamkeit schenken können, um sie näher kennenzulernen. Langsam verstehen wir, wie sie funktionieren und wie nützlich es ist voll auf sie einzugehen und ihnen genug Weite zu geben sich zu entfalten. Nach und nach sehen wir wie wir unser Verhalten und unser Gefühlsleben selbst ins Leben rufen.

Unser Vertrauen in Achtsamkeit und unmittelbare Erfahrung wird mit diesem Vorgang immer größer und tiefer. Wir untersuchen die Schichten der Angst, und das Vertrauen wächst in den immer weiteren Kreisen unseres Seins. Der Vorgang des Erwachens kann als ein sich immer weiter ausbreitendes Vertrauen verstanden werden. Wenn Vertrauen alles durchdringt, wird Erwachen möglich.

Wir können lernen der Achtsamkeit zu vertrauen, dem am-Leben-sein zu vertrauen ohne Stützen, ohne Krücken oder vorgenommene Ansichten und Urteile. In der buddhistischen Tradition sind solche Menschen als „die Vertreiber der Angst" bekannt. Sie geben uns das Geschenk der Furchtlosigkeit. Furchtlosigkeit ist nicht unbedingt die Abwesenheit von Angst; sie ist vielmehr eine positive Lebensqualität, die Seite an Seite mit der Angst existieren kann, aber die Beschränkungen, die der Angst entwachsen, überwindet. Eine solche Furchtlosigkeit kann ein tiefgreifendes Geschenk sein für die Menschen in unserer Umgebung. Wenn wir die Fähigkeit furchtlos zu sein entwickeln, tun wir das nicht nur für uns selbst, sondern auch für andere.

XXI

Metta

Mögen alle Lebewesen glücklich sein.
Mögen sie in Sicherheit und Freude leben.
Alle lebenden Wesen,
Ob sie schwach oder stark sind,
Gross, untersetzt, durchschnittlich oder klein,
Sichtbar oder unsichtbar, nah oder fern,
Geboren oder im Begriff geboren zu werden,
Mögen sie alle glücklich sein.
Metta Sutta, Sutta Nipata I.8

Metta, oder Liebe-und-Güte Meditation, ist eine der bedeutsamsten buddhistischen Übungen. Einfach ausgesdrückt ist *metta* der innige Wunsch nach Wohlergehen für uns und Andere. Als der Buddha *metta* beschrieb, gebrauchte er die Analogie der Fürsorge einer Mutter für ihr einziges Kind. Liebe-und-Güte Meditation ist eng mit dem Erweichen des Herzens verbunden, welches uns erlaubt Empathie mit dem Glück und Leiden der restlichen Welt zu empfinden.

Liebe-und-Güte Meditation kann auch als die natürliche Freundschaftlichkeit eines offenen Herzens verstanden werden. Ihre enge Verbindung zu Freundschaft spiegelt sich in der Ähnlichkeit zum Pali Wort für 'Freund', *mitta*, wider. Metta ist dennoch mehr als herkömmliche Freundschaft, da sie auch Offenherzigkeit unseren Feinden gegenüber einschließt, die vielleicht unserem Einfühlungsvermögen oder dem Verständnis unserer gemeinsamen Menschlichkeit entspringt.

Metta Praxis ist die Kultivierung unserer Kapazität für Liebe und Güte. Sie verlangt weder positives Denken noch eine künstlich positive Einstellung. Es besteht keine Notwendigkeit während der *metta* Praxis Liebe oder Güte zu empfinden. Stattdessen richtet sich die Meditation auf unsere Absichten, wie schwach oder stark sie auch sein mögen. Im Kern wollen wir nur, dass die Liebe-und-Güte Praxis unseren Wünschen nach Wohlergehen und Glück für uns selbst und für Andere Ausdruck verleiht.

In der Liebe-und-Güte Meditation bewässern wir die Saat unserer guten Absichten. Wenn wir gute Absichten bewässern, anstatt den schlechten Ausdruck zu verleihen, entwickeln wir diese guten Tendenzen in unserem Inneren. Wenn dieses Saatgut nie bewässert wird, wächst es nicht. Wenn es jedoch durch regelmässige Praxis bewässert wird, gedeiht es, manchmal in ganz unerwarteter Art und Weise. Wir können dann vielleicht feststellen, dass Liebe und Güte zu der uns antreibenden Motivation wird, in Situationen, die früher Ärger oder Angst auslöst hätten.

Wohlwollen zu erkennen und auszudrücken hat einen mildernden Einfluss auf unser Herz. Zuweilen werden Liebe, Zärtlichkeit und Wärme in uns wach. Zu anderen Zeiten kann aber dieses Erweichen des Herzens auch schwierige oder schmerzhafte, bisher verschüttete Gefühle aufdecken. Dass wir diesen Gefühlen erlauben, zu ihrer eigenen Zeit an die Oberfläche zu treten, ist eine Funktion der Liebe-und-Güte Meditation.

Wenn wir es schwierig finden, uns mit anderen Menschen und mit uns selbst in gütiger Absicht auseinanderzusetzen, kann die *metta*-Praxis zum Bezugspunkt werden, der uns hilft zu erkennen was unsere wahren Gefühle sind. Die Abwesenheit von Liebe und Güte kann also ein wichtiger Hinweis sein, nicht um Selbstkritik zu erregen, sondern um uns daran zu erinnern langsamer zu handeln und den tatsächlichen Geschehnissen mehr Aufmerksamkeit zu schenken.

Die Achtsamkeitspraxis und die Praxis der Liebe-und-Güte unterstützen einander. *Metta-P*raxis ergänzt die Achtsamkeitspraxis indem sie eine generell freundschaftliche Lebenseinstellung gegenüber unseren Erfahrungen fördert, unabhängig davon wie kompliziert oder schwierig diese Erfahrungen sein mögen. Achtsamkeit ergänzt Liebe-und-Güte dadurch, dass sie verhindert voreingenommen oder sentimental zuwerden. *Metta* kann Verbundenheit in unseren Beziehungen zu anderen fördern; Achtsamkeit kann Freiheit bringen; Liebe und Güte sorgen dafür, dass unser Weg zur Freiheit nicht fernab von unseren Mitmenschen verläuft.

Übersetzt von Andreas Janz

XXII

Eine kurze Einleitung zur Liebenden-Güte Meditation

Wie eine Mutter ihr Kind hütet,
Bereit das eigene Leben zu riskieren um ihr einziges Kind
zu schützen,
So sollten wir mit ganzem Herzen alle Lebewesen zärtlich
lieben,
Und die ganze Welt mit unendlicher Güte umfassen.

Im Stehen oder Gehen, Sitzen oder Liegen,
Während all unserer wachen Stunden,
Mögen wir dieses Herz achtsam im Gedächtnis halten und
diese Lebensweise—-
Das ist das Beste in der Welt.
Aus der Metta Sutta
Sutta Nipata I.8

Für die liebende Güte Meditation nimm auf deinem Kissen oder Stuhl eine bequeme und entspannte Haltung ein. Hole zwei- oder dreimal tief Luft und atme ganz langsam, tief und vollständig aus. Lasse alle

Gedanken und Sorgen fahren. Fühle oder stelle dir vor wie der Atem durch deinen Brustkorb fließt—in der Nähe des Herzens.

Metta schenken wir zuerst uns selbst, weil es oft schwer ist andere zu lieben, wenn wir uns nicht zuerst selbst lieben. Wir sitzen still und wiederholen im Geist langsam und stetig die folgenden oder ähnliche Sätze:

> *Möge ich glücklich sein.*
> *Möge ich gesund sein.*
> *Möge ich in Sicherheit sein.*
> *Möge ich friedlich und unbeschwert sein.*

Während dir diese Sätze durch den Kopf gehen, versenke dich ganz tief in die in ihnen ausgedrückte Bedeutung. Die liebende Güte Meditation besteht hauptsächlich darin, eine Verbindung herzustellen mit der Absicht, uns selbst und anderen Wohlwollen entgegen zu bringen. Wenn du merkst, dass ein Gefühl der Wärme, Zuneigung oder Liebe in dir aufsteigt, lasse es wachsen, während du die Verse wiederholst. Um die Meditation zu unterstützen, könntest du dir vorstellen, ein Bild deiner selbst vor Augen zu haben. Das bestärkt die Absicht, die diese Verse zum Ausdruck bringen.

Nach einer gewissen Zeit dieser liebenden Güte Meditation für dich selbst, wende deine Gedanken zu der Person in deinem Leben, die dich am meisten betreut und beschützt hat. Halte ihr Bild in deinem Herzen und wiederhole langsam die Sätze:

> *Mögest du glücklich sein.*

*Mögest du gesund sein.
Mögest du in Sicherheit sein.
Mögest du friedlich und unbeschwert sein.*

Vertiefe dich wieder in die Absicht oder die tiefempfundene Bedeutung dieser Sätze. Und, wenn Gefühle von Liebe und Güte in dir aufsteigen, verbinde diese Gefühle mit den Sätzen, die du im Geist wiederholst, damit die Gefühle immer stärker werden.

Während du mit der Meditation fortfährst, kannst du nach und nach die Bilder von Freunden, Nachbarn, Bekannten, Fremden und Tieren in deinem Herzen wachrufen, bis du schließlich selbst die Menschen, mit denen du Probleme hast, in deine Meditation mit einbeziehst. Du kannst entweder immer dieselben Sätze wiederholen oder dir neue, andere ausdenken, die dein Gefühl von liebender Güte für diese Lebewesen besser ausdrücken.

Es gibt neben den einfachen und vielleicht persönlichen und kreativen Formen der *Metta*-Übung eine klassische und systematische Methode, die in intensiven Meditationsübungen angewandt wird. Weil diese klassische Methode ziemlich kompliziert ist, wird sie gewöhnlich nur auf Retreats (in Kursen) eingesetzt.

Es kann geschehen, dass während der Liebe- und-Güte Meditation anscheinend widersprüchliche Gefühle wie Ärger, Trauer oder Schwermut in dir aufsteigen. Nimm dies als ein Zeichen, dass sich dein Herz öffnet und zeigt, was in ihm liegt. Du kannst dann entweder zur Achtsamkeitspraxis überwechseln oder du kannst—mit soviel Geduld, Bejahung und Güte, wie du für diese Gefühle aufbringen kannst—deine liebende Güte auf sie lenken. Vergiss vor allem nicht, dass du dir wegen dieser Gefühle keine Vorwürfe machen musst.

Wenn dir während der Meditation die *Metta* Übung immer vertrauter wird, kannst du sie auch im täglichen Leben anwenden. Ob im Auto, bei der Arbeit oder überhaupt in der Öffentlichkeit, versuche innerlich all denen, die dir begegnen, liebende Güte Gedanken entgegenzubringen. Es kann uns sehr glücklich machen, wenn es uns gelingt eine tiefempfundene Verbindung zu schaffen zu allen Menschen in unserer Umwelt, zu Freunden und zu Fremden zugleich.

XXIII

Mitgefühl:
Dem Leid ohne Widerstand gegenüberstehen

Auch wenn wir mit voller Achtsamkeit
In alle Richtungen auf Suche gehen,
finden wir doch niemanden,
der uns näher steht als wir uns selbst.

Mit derselben Leidenschaft
sind sich Andere am Nächsten.
Wir sollten also, wenn wir uns selbst lieben,
Niemand anderem ein Leid zufügen.
Samyutta Nikaya 3.8

Mitgefühl gehört zu den zentralen Werten und Idealen der buddhistischen Praxis. Es als Ideal zu sehen bedeutet allerdings, dass die schwierigen Umstände, aus denen es hervorgeht, leicht übersehen werden. Mitgefühl geschieht nicht im Abstrakten. Es entsteht wenn wir im direkten Kontakt mit wirklichem Leid, unserem eigenen oder dem Leiden Anderer, berührt werden.

Wir können dem Leid mit oder ohne Widerstand gegenübertreten. Wenn wir uns dem Leid widersetzen bedeutet das, dass wir mit Furcht, Verzweiflung, Missbilligung, Ängstlichkeit oder Projektion reagieren. Wenn wir außerdem unsere eigenen Probleme und Sorgen auf andere Leidende übertragen, sind wir nicht in der richtigen Lage Hilfe anzubieten und können leicht selbst in Trauer, Mitleid oder Angst geraten.

Wenn wir aber dem Leid ohne Widerstand begegnen, vermeiden wir es ein Opfer des Leides zu werden. Vielmehr kann es uns auf zwei verschiedene Weisen motivieren. Auf der einen Seite kann es in uns den Wunsch, ja vielleicht sogar die Leidenschaft erwecken, mit unserer spirituellen Praxis die Wurzeln des Leides in uns selbst aufzulösen. Das bedeutet, dass wir motiviert sind, uns unsere Widerstände, Anhaftungen und Ängste, wie auch unsere Freuden und Stärken ganz deutlich zu machen. Auf der anderen Seite kann der Kontakt mit Leid den mitfühlenden Wunsch in uns erwecken, alles Leid der Welt zu lindern. Das buddhistische Wort für Mitgefühl, *Karuna*, bedeutet nicht nur Einfühlungsvermögen. Es beinhaltet auch den Wunsch und die Motivation dem Leid ein Ende zu setzen. Selbst wenn es uns nicht möglich ist direkt zu helfen, kann unsere Fürsorge ein großer Trost sein.

Im Idealfall bedeutet *Karuna* dem Leid ohne Verneinung, Abwehr oder Abneigung präsent zu sein. Das ist in der Wirklichkeit unseres oft chaotischen

Lebens nicht immer leicht, doch können wir immerhin lernen unseren eigenen Neigungen zu Verneinung, Abwehr und Abneigung und dem Schmerz, aus dem sie entsprungen sind, einfach mit Mitgefühl zu begegnen. Mit der Bereitschaft inmitten der Wirrungen unseres Lebens still zu sitzen beginnt der Prozess, den Knoten aus Spannung oder Angst aufzulösen. Bei aufrichtiger Anwesenheit und Mitgefühl schmilzt der Groll und verwandelt sich in Versöhnlichkeit; aus Hass wird Zuneigung und aus Ärger wird Güte. Wenn wir uns aber in Geschäftigkeit, Ehrgeiz, Zerstreuung oder Hirngespinste verlieren, hat Mitgefühl keine Chance sich zu entfalten.

Indem wir uns selbst und unser Leiden mehr und mehr akzeptieren, beginnen wir das Leiden Anderer besser zu verstehen. Achtsamkeitspraxis hilft uns anderen Menschen als Gleichgestellten zu begegnen. Und das wiederum schützt uns davor sentimentales Mitleid—jemanden ohne persönliche Beziehung zu bedauern—mit wahrem Mitgefühl zu verwechseln.

Leiden ist eine Erfahrung der die ganze Menschheit ausgesetzt ist; ihr mit Mitgefühl zu begegnen ist eine der ehrenvollsten Eigenschaften, die wir Menschen besitzen.

XXIV

Geduld

Seid nicht achtlos gegenüber innerem Reichtum,
Weil ihr denkt, „es wird keine Früchte tragen!"
Ein Wasserkrug wird voll
Auch wenn das Wasser nur in Tropfen rinnt.
Geringfügige Handlungen immer wiederholt
Erfüllen den Weisen mit innerem Reichtum.
Dhammapada 122

In unserem arbeitsreichen Leben, unserem Streben nach Taten, Leistung und Erfüllung, kann es leicht vorkommen, dass wir den Wert der Geduld übersehen. Erst wenn wir erkennen, dass Klarheit, Eintracht, Mitgefühl und Liebe im Widerspruch zu zwanghaftem Verhalten und automatischen Reaktionen stehen, wird uns bewusst wie wertvoll Geduld sein kann. Geduldig sein bedeutet, dass wir nicht unüberlegt oder automatisch reagieren. Es ist eine wunderbare Hilfe für die Achtsamkeitspraxis. Beharrlichkeit, Standhaftigkeit (auch bei Beleidigungen) und das Akzeptieren der Wahrheit sind drei traditionelle Aspekte der Geduld, die die Achtsamkeit stärken.

Wenn wir uns stetig und sanft bemühen, die *Beharrlichkeit* geduldig zu üben, sind wir gegen Zweifel, Entmutigung und Angst gewappnet. Es ist leicht den Mut zu verlieren, wenn der Fortschritt in der Meditationspraxis unseren Erwartungen nicht entspricht. Zum Beispiel führt das Meditieren oft zu angenehmen Gefühlen; wenn wir aber annehmen, dass wir diese nach Belieben beibehalten können, kann uns die Realität des steten Wandels ziemlich erschüttern. Oder wir erwarten, dass sich unsere Meditationspraxis linear mit stets zunehmender Konzentration und abnehmendem Leiden entwickelt. Tatsächlich können uns in der Praxis Perioden von Wohlbefinden die innere Stärke und das Vertrauen geben, die wir brauchen, um lang verdrängte Schwierigkeiten zu konfrontieren. Meditationspraxis ist auf lange Sicht viel leichter einzuhalten, wenn wir uns klar machen, dass sie sich nicht immer in gradliniger und voraussehbarer Weise entfaltet.

Beharrlichkeit kann auch dann wichtig sein, wenn die spirituelle Praxis ganz unseren Erwartungen entspricht. Wenn alles gut geht, kommt es leicht vor, dass wir diesen Zustand als selbstverständlich ansehen. Wenn wir zufrieden und ausgeglichen sind, vergessen wir möglicherweise, unsere Meditationspraxis aufrecht zu erhalten.

Eine sanfte Beharrlichkeit erlaubt uns, unbehindert von Schwierigkeiten oder Belohnung zu meditieren. Sie ist der Schlüssel, der die Achtsamkeitspraxis bis tief in unser Inneres sinken läßt.

Geduld bei Beleidigungen bedeutet, dass wir uns dem Ärger, der Aggression oder Mutlosigkeit nicht ergeben müssen, auch wenn wir uns bedroht fühlen. Stattdessen werden wir uns unserer Gefühle und Reaktionen ganz bewusst und finden so vielleicht eine weisere Art zu antworten.

Eine mächtige Form der Geduld ist einen Moment zu warten bevor wir auf eine schwierige Situation reagieren. Eine kurze Pause macht es möglich, die Situation und unsere Absichten dazu besser zu verstehen. Manchmal lässt eine kleine Wartezeit etwas Wunderbares und Unerwartetes entstehen, etwas, das verloren gegangen wären, wenn wir in unserem Wunsch die Lage in die Hand zu bekommen überstürzt reagiert hätten.

Manchmal finden wir Menschen die Geduld eine schwierige Situation zu verstehen, indem wir unseren Bezugspunkt ändern. Verständnis ist oft selbstbezogen, aber mit Geduld entdecken wir, dass andere Perspektiven ebensogut oder vielleicht sogar angemessener sein können. Während der Bürgerrechtsbewegung in Amerika, zum Beispiel, konnten viele Menschen ein ungeheures Ausmaß an tätlichen, geistigen und seelischen Beleidigungen ertragen, weil sie ihre Rolle in größerem Zusammenhang sahen als in dem ihres eigenen individuellen Leidens. Ihr Kampf um die Bürgerrechte aller Menschen gab ihrem Leiden Sinn und Zweck, die das ganze Land verwandelten.

Die dritte Form der Geduld ist das *Akzeptieren der Wahrheit*. Das bedeutet die Bereitwilligkeit die ganze Wahrheit des jetzigen Augenblicks ohne Widerstand zu sehen—sie bis auf den tiefsten Grund der Wirklichkeit zu erkennen. Das schließt auch ein, dass man willens ist in Harmonie mit der Einsicht zu leben, dass es im Kern kein Selbst gibt, auf das man bauen könnte, an dem man sich festhalten kann und das man verteidigen sollte. Die Wahrnehmung der leuchtenden Leere im Zentrum aller Dinge bedeutet, dass wir uns langsam aus dem Griff einer vorgefassten und starren Vorstellung unseres Selbst befreien können. Dies erfordert auch eine Art Geduld, weil diese tiefe geistige Einsicht eine Beleidigung für unser Ego darstellt. Viele Menschen haben eine begrenzte Sicht ihrer selbst und manchmal bestimmt diese Einstellung die Richtung ihres ganzen Lebens. Es kann beängstigend sein diese Lebensauffassung aufzugeben. Das geduldige Akzeptieren der Wahrheit, das das Loslassen möglich macht, bedeutet persönliche Stärke, die sich zusammen mit der Kraft der Tugend, der Einsicht, der Weisheit, Entschlossenheit und liebender Güte entwickelt.

Die höchste Vollendung der Geduld beruht nicht auf Ausdauer oder Neubewertung einer Situation. Sie entspringt vielmehr der Abwesenheit unserer gewohnheitsmäßigen, automatischen Mechanismen mit denen wir auf die Herausforderungen des Lebens reagieren. Vollständig gereifte Geduld benötigt keine Anstrengung. Sie benötigt gar kein Tun.

Die *Brahmana Samyutta* aus der *Samyutta Nikaya* beschreibt die Geschichte eines wütenden Mannes, der den Buddha beleidigte. Der Buddha fragte den Mann einfach, ob er je Gäste in seinem Haus habe. Überrascht von dem Themawechsel bejahte der. Der Buddha fragte weiter, ob er den Gästen Essen anbiete, und als der Mann wieder bejahte, fragte der Buddha was wohl geschehen würde, wenn ein Gast das Essen ablehnte. Wem würde dann das Essen gehören? Der Mann sagte dass es natürlich ihm noch gehören würde. Dann sagte der Buddha ruhig, und wie ich annehme, freundlich, „In derselben Weise lehne ich deine Beleidigungen ab. Sie verbleiben bei dir."

Die höchste Geduld ist mühelos—vielleicht ist das Gegenteil von Ungeduld nicht Geduld, sondern Zufriedenheit. Wenn wir aufhören den Launen des Ego hinterher zu jagen, wird es uns möglich, die tiefste Zufriedenheit, die sich in unserem Leben als große Geduld offenbart, zu entdecken.

XXV

Die Vollendung der Weisheit

Aus Bemühen entsteht Weisheit;
aus Mangel daran, das Ende der Weisheit.
Besinnt euch auf diese zwei Wege
—zu Entwicklung, zu Verfall—
Und verhaltet euch so, dass sich die Weisheit vermehrt.
Dhammapada 282

Der Buddhismus wird manchmal als die Tradition der Weisheit bezeichnet: die Praxis des Erwachens wird in einem tiefgehenden Verständnis für das Leben gefördert und ausgedrückt. Weisheit ist eine der zehn Tugenden oder „Perfektionen", die sich in der buddhistischen Praxis entfalten.

Die buddhistische Tradition unterscheidet drei verschiedene Arten von Weisheit, die alle ihren eigenen Platz im spirituellen Leben haben: Weisheit, die aus dem Lernen erworben wird; Weisheit, die durch Nachdenken erreicht wird; und Weisheit, die aus der sich entwickelnden Meditation entsteht.

Manchmal wird Weisheit im Widerspruch zu Wissen gesehen, was jedoch das Lernen unterschätzt. Im Buddhismus wird auch erlerntes Wissen als eine Form der Weisheit geachtet. Das Studieren der Lehrtexte ist eine wertvolle Basis der Praxis. Dieses Studium schließt das Lesen der Schriften buddhistischer oder anderer spiritueller Lehrer ein oder auch die Teilnahme an entsprechenden Kursen. In der alten Tradition wird auch das Auswendiglernen buddhistischer Schriften geschätzt. Manchmal gebe ich Praktikanten die Aufgabe, kurze Texte oder Passagen auswendig zu lernen, und das kann zu wunderbaren Resultaten führen. Zusätzlich zu intellektuellem Verständnis, scheint unsere Psyche gelernte Texte auf unterschiedliche und subtile Weisen zu verarbeiten. Zur passenden Zeit steigt dann plötzlich eine Zeile oder eine Passage in unserem Gedächtnis auf, die uns hilft, eine neue Perspektive der Lehre zu sehen oder ihre Bedeutung für unser eigenes Leben.

Die zweite Form der Weisheit ist die kontemplative Weisheit, bei der unser Denkvermögen eingesetzt wird, um über wichtige Themen in unserem Leben nachzudenken. Dazu gehören Gespräche mit Freunden, Meditationsgefährten und Lehrern. Manche Menschen sind der Meinung, dass Achtsamkeit zur Kontemplation im Gegensatz steht. Sie glauben, weil Achtsamkeit nicht diskursiv ist, nicht auf Denkergebnissen beruht, müssten schlussfolgernde Tätigkeiten irgendwie unspirituell sein. Aber in der buddhistischen Tradition gelten Kontemplation und Achtsamkeit nicht als gegensätzlich. Beide haben ihre eigene Bedeutsamkeit.

Jedes Thema kann zum Gegenstand sorgfältiger Betrachtung werden. In der buddhistischen Praxis gilt es als wertvoll, Lehren wie die Vier Edlen Wahrheiten, den Edlen Achtfachen Pfad, Unbeständigkeit, Ichlosigkeit, Karma und Bedingtes Entstehen zu bedenken, zu verarbeiten und in Frage zu stellen. Ein wichtiges Thema der Tradition ist die Kontemplation des Todes. Es heißt, dass Alter Weisheit mit sich bringt. Diese Weisheit mag größerer Lebenserfahrung entspringen, aber vielleicht noch mehr dem Gefühl der Nähe des Todes. Wenn wir uns der Tatsächlichkeit des Todes bewusst werden, kann das zu einer Quelle der Weisheit werden. Unsere Vorsätze und Prioritäten zeigen sich in einem neuen Licht. Die Kontemplation des Todes muss kein krankhaftes Grübeln sein; sie hilft uns vielmehr, unser Leben mit Achtsamkeit zu führen und für das was für unser Leben am wichtigsten ist, Verständnis zu entwickeln.

Die dritte Art der Weisheit ist die der sich entwickelnden Meditation. Das bedeutet das Verständnis, das entsteht, wenn die Eigenschaften des Geistes—wie zum Beispiel die Achtsamkeit—entwickelt werden und uns erlauben, tief in das Wesen unserer Erfahrung zu sehen. Viele von uns lassen das Leben unbedacht vorbeiziehen und kümmern sich nur um das Äußere. Wir neigen dazu, das wahre Wesen unserer Erfahrung nicht zu bedenken und versäumen so die Gelegenheit ihr auf den Grund zu gehen.

Je mehr sich das nicht-diskursive Erforschen der Achtsamkeit vertieft, umso weniger werden unsere

Vorstellungen durch vorgefasste Ideen gefiltert. Langsam sehen wir die Dinge, wie sie wirklich sind. Die immer tiefer werdende Achtsamkeit hilft uns, die drei allgemeinen Charakteristiken des Lebens zu erkennen: Alles Geschehen ist unbeständig, nichts bietet uns eine hinreichende Zuflucht bleibenden Glücks und kein Geschehen, oder ein durch Achtsamkeit erkanntes Erlebnis, kann uns als ein sicheres, beständiges Selbst dienen.

Wenn wir diesen Charakteristiken mutig und direkt begegnen, wächst die Weisheit. Langsam reift die Einsicht, dass die Weigerung den beständigen Wechsel in unserer Erfahrung zu akzeptieren, viel Leiden verursacht. Mit der Zeit verstehen wir, dass uns Achtsamkeit ein Glück bringen kann, das nicht von äußeren Umständen abhängig ist. Und wir finden Ausgeglichenheit und Ruhe in unserem Leben. Wir finden einen Platz der Freiheit ohne ein Selbst, das wir aufbauen oder verteidigen müssen. Wir erkennen unsere Unzulänglichkeiten und unsere Schmerzen ohne uns von ihnen einschränken zu lassen oder zu glauben, dass sie bestimmen, wer wir sind.

Die Perfektion der Weisheit—der Einsicht— kommt, wenn sich Geist und Seele an nichts festklammern und auch nichts ablehnen. Die drei Charakteristiken zu erkennen ist ein großer Schritt hin zu dieser Perfektion. Er führt zu einer Achtsamkeit, die sich nichts aneignet und auf nichts fixiert ist. Geist und Seele erlauben jeder Erfahrung zu sein und vorüberzuziehen, so wie sie ist. Von diesem Stand aus können wir auf eine weisere Art bestimmen wie wir handeln wollen, wann wir auf unserem Standpunkt bestehen sollten, und wie wir das sagen, was gesagt werden muss. Die Kunst der Befreiung besteht darin zu lernen, was wir in unserem Leben zu tun haben, ohne dass sich Herz oder Seele zusammenziehen oder anspannen. In *Aschermittwoch* drückt es T.S. Eliot schön und passend aus: „Lehre uns [die Welt] zu Herzen zu nehmen und nicht zu Herzen zu nehmen." Zu Herzen zu nehmen und nicht zu Herzen zu nehmen, beides zu gleicher Zeit. Nicht das Eine oder das Andere.

Wir haben, öfter als wir denken, Alternativen zu diesem „entweder oder" Denken. Lernen, nachdenken und meditieren stärken die Praxis der Achtsamkeit. Sie helfen uns der Befreiung näher zu kommen und bringen Harmonie in unser Leben und in das Leben unserer Mitmenschen.

XXVI

Sammlung

Der Geist, unstet, schwankend,
schwer zu hüten und in Zaum zu halten.
Der Weise glättet ihn,
Wie ein Pfeilmacher den Schaft eines Pfeils.
Dhammapada 33

So wie ein Schiffsruder ein Schiff auf Kurs hält, bietet Sammlung die Stabilität und Standhaftigkeit für die Übung der Achtsamkeit. Tatsächlich ist die Sammlung so wichtig in der buddhistischen Praxis, dass sie als ebenbürtig zur Achtsamkeit betrachtet wird. Ohne die stabilisierende Kraft der Sammlung, können wir die bewusste Aufmerksamkeit nicht auf jenen Dingen erhalten, die am wichtigsten für uns sind, einschließlich der Meditation.

Wir können unsere Fähigkeit zur Sammlung leichter entwickeln, wenn wir ihren Wert verstehen und erkennen, dass die bewusste Konzentration auf etwas wie unseren Atem sehr nützlich sein kann. Für jemanden, der die Übung der Sammlung nicht kennt, mag es querköpfig und unlogisch erscheinen, sich auf etwas zu konzentrieren, das nicht mit unseren größten Sorgen verknüpft ist. Aber 20 oder 30 Minuten der Atmung zu widmen, gibt den meisten Menschen ein spürbares Verständnis für die Kraft der Sammlung.

Ein unkonzentrierter Geist ist ablenkbar und verliert sich leicht in verstreuten Gedanken. Der Geist kann „von Ablenkungen so abgelenkt sein, dass er gar nicht merkt, dass er abgelenkt ist". Er ist so in seiner Geistesabwesenheit verfangen, dass es schwer wird, darüber hinaus zu blicken.

Die Sorgen in unserem Leben können uns unheimlich in Anspruch nehmen. Wir sind so gefesselt von den Vorgängen in unseren Gedanken, dass wir oft gar nicht merken, dass wir womöglich eine Wahl haben und entscheiden können, wie wir unsere Nöte verstehen und mit ihnen zurecht kommen können. Manchmal nehmen wir an, dass wenn wir ein Problem nur richtig verstehen, wir es auch lösen können. Wir glauben, dass die einzige Art, mit unseren Gedanken und Sorgen umzugehen, in der Welt eben dieser Gedanken zu finden ist.

Wir kommen uns vor wie in einem Irrgarten, in dem die Mauern ein wenig höher sind als unsere Augenbrauen. Wir laufen herum und suchen den Ausgang, stoßen an Wände und geraten in Sackgassen. Unsere Gefühle pendeln zwischen Hoffnung und Mutlosigkeit, grundlosem Vertrauen und grundloser Angst. Gefangen in diesem Irrgarten, versuchen wir verzweifelt zu entkommen, was aber fast unmöglich scheint. Dabei brauchen wir uns nur auf die Zehenspitzen stellen und über die Mauern schauen. Von diesem höheren Blickwinkel aus, sehen wir den Ausgang mit Leichtigkeit.

Unsere Gedankenwelt und unsere Sorgen können wie dieser Irrgarten sein: Wir nehmen nicht wahr, dass wir uns nur „auf unsere Zehenspitzen stellen" müssen, um einen weiteren Blick zu bekommen. Aus einem anderen Blickwinkel sehen unsere Probleme vielleicht ganz anders aus. Wir können das Problem selbst vielleicht nicht ändern, aber mit Achtsamkeit, die durch Sammlung unterstützt wird, sind wir sicher fähig, unsere Perspektive und die Beziehung zu unserer Situation grundsätzlich zu ändern.

Sammlung bringt Ruhe, die in der Beziehung zu unseren Sorgen neue Möglichkeiten öffnen kann. Die meisten von uns wissen, dass ein ruhiger Geist uns befähigt, klarer zu sehen und zu denken. Aber es kann uns auch helfen, unsere Sorgen in einem völlig neuen Licht zu sehen. Es erlaubt uns, aus dem Irrgarten der Sorgen herauszutreten. Problembereiche wie zwischenmenschliche Beziehungen, Arbeit, Gesundheit und persönliche Identität können dabei im Licht unserer tiefsten Bindungen und Werte gesehen werden und nicht durch das Glas von Ängsten, Wünschen und den üblichen oberflächlichen Werten.

In einem noch tieferen Sinn kann uns diese übergreifende Perspektive ruhiger Bewusstheit zeigen, dass es normal und zulässig ist Probleme zu haben. Wir erkennen, dass unsere Fähigkeit ganz und vollständig zu sein, nicht durch ein Problem gefährdet ist. Vielmehr sind Probleme ein Teil unserer Vollständigkeit. Das bedeutet nicht, dass wir unbeteiligt oder gleichgültig werden, sondern dass Versuche unsere Probleme zu lösen nicht von Gefühlen von Unzulänglichkeit, Mangelhaftigkeit oder Bedürftigkeit gefärbt sein müssen.

Wenn wir von einem Problem betroffen sind, kann viel Energie in unsere Gedanken und Sorgen fließen. Mit der Übung der Sammlung widmen wir unsere Energie ganz bewusst der Gegenwärtigkeit und erkennen die Ganzheit.

Der klassische Fokus Sammlung zu entwickeln, ist die Atmung. Wenn wir uns auf das Atmen konzentrieren und geduldig immer wieder darauf zurückkommen wenn der Geist abschweift, stärken wir die Konzentration und schwächen die Zerstreutheit. Mit der Zeit findet unser Geist Rast, Offenheit und Ruhe.

Um die Atemskonzentration zu entwickeln, kannst du mit den verschiedenen Arten der Aufmerksamkeit experimentieren. Du kannst versuchen, deine Aufmerksamkeit auf dem Atem oder auf dem Fluss der Empfindungen beim Atmen ruhen zu lassen. Versuche jedem einzelnen Atemzug Beachtung zu schenken, als wäre er dein erster—oder dein letzter. Beobachte, ob du die sinnlichen Eigenschaften des Atmens genießen kannst. Lasse dich ganz im Prozess des Atmens versinken. Fühle Hingabe und Liebe für dein Atmen. Erkenne, wenn sanftes mitfühlendes

Akzeptieren die Sammlung unterstützt, oder wenn stärkere Entschlossenheit passender ist. Wie deine Fähigkeit steigt, die Aufmerksamkeit auf dem Atem zu halten, so werden die Kräfte der Zerstreuung schwächer, und du wirst dich ruhiger, leichter und offener fühlen.

Wenn der Geist weit und offen wird, können wir auf Schwierigkeiten stoßen, ohne das Gefühl, dass sie uns persönlich gehören. Wenn wir zum Beispiel körperlichen Schmerz als „meinen" Schmerz sehen, löst das oft Gefühle und Ideen aus, die mit unserem Selbstbild verbunden sind. Wenn wir ihn aber einfach als Schmerz sehen, ist er leichter zu ertragen. Dasselbe gilt für starke Gefühle: Wenn wir uns keine Gedanken machen, was diese Gefühle über unsere persönliche Identität aussagen, wird unser Gefühlsleben einfacher.

Der wichtigste Zweck der Sammlung in der Achtsamkeitspraxis ist es, unser Bewusstsein fest und beständig in der Gegenwart zu halten, damit wir klar erkennen können was augenblicklich geschieht. Unsere Erfahrung im gegenwärtigen Moment ist das Tor zu den tiefsten Einsichten und Erkenntnissen. Sammlung hält uns in der Gegenwart, damit die Achtsamkeit ihre Aufgabe erfüllen kann.

XXVII

Empfängliche Achtsamkeit

*Sieh die Welt als Seifenblase
Sieh sie als Trugbild.
Wer die Welt so betrachtet,
Den sieht der König des Todes nicht.*
Dhammapada 170

Die Achtsamkeit ist wie die Luft, die wir atmen; wir beachten sie selten. Dabei lebt die Achtsamkeit in jedem unserer wachen Momente und wirkt vielleicht selbst im Schlaf in anderer Form weiter. Manchen von uns ist die Funktion der Achtsamkeit fremd, weil sie uns niemand erklärt hat. Aber auch wenn wir Bescheid wissen, geschieht es leicht, dass wir sie als selbstverständlich ansehen und ihren Wert nicht voll anerkennen.

Vielleicht liegt diese Missachtung hauptsächlich darin, dass wir vom *Inhalt* der Achtsamkeit erfasst sind; wir sind abgelenkt von all unseren Gedanken und Gefühlen. Im täglichen Leben müssen wir unseren Weg oft durch ein Gestrüpp von Gefühlen und

Wahrnehmungen finden, deren Inhalt der Achtsamkeit wohl bewusst ist. Ein wichtiger Teil der buddhistischen Praxis besteht darin, uns auch der anderen Hälfte unserer Empfindung bewusst zu sein, nämlich der empfänglichen Achtsamkeit selbst. Die Fähigkeit uns der Achtsamkeit bewusst zu werden, liegt in uns allen. Die Meditation gibt uns die große Möglichkeit sie zu entdecken und in der Empfänglichkeit dieses Wissens zu verweilen.

Empfängliche Achtsamkeit ist der Idee eines beobachtenden Bewusstseins nahe verwandt. Anfänger der Meditation nehmen oft an, dass unsere Beobachtungsfähigkeit bedeutet, dass es jemanden gibt, ein bestimmtes, einmaliges und bleibendes Wesen oder einen Urheber, der alles beobachtet oder bezeugt. Wir haben eine starke Tendenz, unsere Welt zu spalten, mit dem was wir wahrnehmen auf der einen Seite und dem Beobachter auf der anderen. In ähnlicher Art unterscheiden wir oft zwischen dem Täter und der Tat: ich bin der Täter und ich tue etwas, ich bin der Sprecher, der spricht. Für die meisten von uns ist die Idee, dass es einen Beobachter und Täter gibt, einfach gesunder Menschenverstand. Der Buddhismus stellt diese Annahme in Frage.

Die Zweiteilung ist der Grundstein eines großen Gefüges, das wir dem Selbst errichten. Sobald es einen Wahrnehmer gibt, gibt es auch den Begriff des Selbst. Dieses Selbst wirkt wie ein Magnet, der alle möglichen, kulturell bedingten Ideen anzieht, die bestimmen, wie ein Selbst zu sein hat. Unser Selbstbild ist oft fest und schmerzhaft an Ideen gebunden, die uns vorschreiben was achtbar und gut ist und was von unserer Welt verlangt werden kann.

Viele Gefühle entspringen der Vorstellung, die wir von unserem „Selbst" haben. Wenn wir uns in unserem Selbstbild bedroht fühlen, ist es leicht, ärgerlich oder ängstlich zu reagieren. Schuldgefühle entstehen, wenn wir ein Selbstbild mit Vorstellungen von gut und böse, richtig und falsch verbinden. Wenn Lob oder auch Tadel unsere Selbstdefinition und Darstellung betreffen, können sie uns anspornen und mit Tatkraft erfüllen. Und wenn ein Selbstbild weder unterstützt noch bedroht ist, wird es manchen Menschen langweilig. Sie verlieren Interesse an den Menschen, mit denen sie zu tun haben, oder sie verlieren Interesse an ihrer Situation.

In empfänglicher oder offener Achtsamkeit zu verweilen ist das Gegenmittel zu unseren Versuchen ein Selbst aufzubauen und zu verteidigen. Wenn sich diese Art von Achtsamkeit weiter entwickelt und wir beginnen ihr zu vertrauen, verschwindet die Annahme, dass es „jemanden gibt, der achtsam ist". Selbstbewusstheit verschwindet. Manchmal nennt man diesen Zustand das Erlebnis einer nicht-dualistischen Achtsamkeit: die Unterscheidung zwischen selbst und anderen, zwischen innen und außen, Beobachter und dem Wahrgenommenen verschwindet. Es gibt Niemanden, der achtsam ist; es gibt nur die Achtsamkeit und die Erfahrung innerhalb der Achtsamkeit.

Ein Teil von dem, was wir in der Meditation lernen ist unsere Aufmerksamkeit zu zügeln und eine unkomplizierte, empfängliche Achtsamkeit zu kultivieren. Das bedeutet nicht unbedingt, dass wir die Welt der Ideen, oder selbst die Idee eines Selbst, aufgeben. Aber wir lernen, das Leben, unsere Ideen und uns selbst leicht und gelassen zu nehmen. Wir verweilen in dem weiten und mitfühlenden Kreis einer Achtsamkeit, die alles versteht, aber nichts festhält. In dieser Weise kann unsere Antwort auf das Leben direkter Erfahrung entspringen und nicht abstrakter Ideen und Bindungen.

XXVIII

Erwachen — Achtsamkeit befreit

Lasst los was in der Zukunft liegt,
Lasst los was in der Vergangenheit liegt,
Und lasst los was dazwischen liegt.
Geht über das Werden hinaus.
Ist der Geist von allem befreit,
Werdet ihr nicht geboren und altern.
Dhammapada 348

Einer der schwierigsten Aspekte der buddhistischen Lehre ist die Betonung der Idee von *Nibbana/Nirvana*—eine Art des Wissens, das von den Unbeständigkeiten des Lebens unberührt bleibt. Die Achtsamkeitpraxis hilft uns, eine ehrliche und vertraute Beziehung zu unserem Leben zu haben. Doch darüber hinaus, eröffnet sie uns die Möglichkeit eines Bewusstseins, das sich an nichts hängt und nichts ablehnt. Sich dieser Möglichkeit voll bewusst zu sein, wird manchmal „Erleuchtung" genannt.

Unsere Achtsamkeit ist oft in Anspruch genommen und gelenkt von den vielen Überlegungen, die wir uns über den Stand unseres Lebens machen. Wir sind vertieft in Gedanken über Gesundheit, Aussehen, Sicherheit, Beruf, Freizeit, Freundeskreis und Meinungen. Aber das Leben bietet keine Garantie, dass wir Kontrolle über diese Lebensbedingungen haben, und wenn unser Glück von ihnen abhängt, setzen wir uns dem Unglück aus. Es kann ganz gut tun, wenn wir gelegentlich die Kontrolle über diese Bedingungen verlieren, denn in diesem etwas hilflosen Zustand wird es uns möglich, die Tiefe unserer Erfahrung zu entdecken, die von all diesen Dingen unabhängig ist.

Das „Erwachen" der buddhistischen Lehre zeigt uns den Weg zur Entdeckung von Aspekten des Lebens, die wir gewöhnlich übersehen—besonders bedingungslose Achtsamkeit und grenzenlose Liebe. In der buddhistischen Praxis entdecken, schätzen und bekräftigen wir eine natürliche Einsicht, die von Gewinn und Verlust, Lob und Tadel, Freude und Schmerz, Erfolg und Misserfolg unabhängig ist. Es wird leichter, uns mit Wohlwollen und Bereitwilligkeit durch das Dickicht der Lebensbedingungen zu bewegen, wenn wir von der Einsicht gekostet haben, die nicht an diesen Bedingungen hängt.

Wir wissen, dass Raum an sich schwer zu beschreiben ist, dass er nur in Bezug auf Gegenstände, die ihn beschränken, beschrieben werden kann. Erleuchtung ist noch schwieriger zu beschreiben, da es in keiner direkten Verbindung steht zu den subjektiven und objektiven Erfahrungen dieser Welt. Erwachte Achtsamkeit hat die Durchsichtigkeit eines sauberen Fensters, durch das wir sehen können ohne es wahrzunehmen. Da es von Gier, Hass und Angst befreit ist, ist es dem all-umfassenden Vertrauen in die Achtsamkeit nahe verwandt. Da es von jedem Konflikt frei ist, wird erwachte Achtsamkeit manchmal als friedlich charakterisiert. Da es ohne Festhalten ist, wird es als die Pforte zum Mitgefühl gefeiert.

Den Weg zur Erleuchtung zu beschreiten bedeutet, dass wir uns der Achtsamkeit und der Untersuchung widmen, was auch immer geschieht oder was auch immer wir zu tun beschließen. Es bedeutet Zuflucht in der Achtsamkeit zu finden, gleichviel ob wir gesund oder krank sind, arbeitslos, wohlhabend oder obdachlos, in einer Beziehung sind oder allein leben. Wenn wir in allen möglichen Umständen Aufmerksamkeit üben, entwickeln wir vorurteilslose Aufgeschlossenheit, die uns in allen Situationen erlaubt liebevoll und kritiklos unsere Gedanken zu erkennen, zu sehen wo sie sich verfangen haben und hängen geblieben sind.

Wenn Achtsamkeit so weit gereift ist, dass uns das Erwachen erfrischen kann, brauchen wir die bedingte Welt nicht mehr für den Mittelpunkt unseres Universums zu halten. Schon ein Anflug des Unbedingten bietet eine Art von kopernikanischer Revolution im Bewusstsein. Es kühlt auf natürliche Art das Fieber, das von den vielen Erscheinungen von Gier, Hass und Verblendung hervorgerufen wird. Das mitfühlende Herz weitet sich und schließt alles in sich ein.

XXIX

Zufluchtnehmen

Ein Glück ist das Erscheinen der Buddhas;
Ein Glück ist die Lehre des wahren Dharmas;
Ein Glück ist die Eintracht in der Sangha;
Ein Segen ist die Bescheidenheit derer, die in Eintracht leben.
Dhammapada 194

Je mehr sich die Meditations- und Achtsamkeitspraxis vertieft und entwickelt, umso mehr steigert sich oft das Vertrauen in die eigene Begabung für Offenheit und Weisheit. Das wiederum führt zu einer wachsenden Würdigung, ja sogar Verehrung, der Menschen und Lehren, die dieses innere Vertrauen unterstützen. In der buddhistischen Tradition werden diese Menschen und Lehren als die „drei Juwelen" bezeichnet, nämlich Buddha, Dharma und Sangha. „Zuflucht nehmen" bedeutet, dass wir uns bewusst von diesen drei Juwelen helfen und beflügeln lassen.

Bei Buddha Zuflucht zu finden bedeutet, dass wir in Weisheit und Klarheit Zuflucht nehmen. Der Buddha ist nicht nur ein Beispiel für einen Menschen, der den Weg zur Freiheit gegangen ist; er versinnbildlicht auch das volle Potential für Erwachen und Mitgefühl, das jedem von uns innewohnt.

Bei Dharma Zuflucht zu finden bedeutet teilweise in Buddhas Lehren und Praktiken Zuflucht zu finden. Doch zusätzlich und tiefer empfunden ist das Dharma auch ein wunderbares und unmittelbar zugängliches Gewahrsein, ungetrübt von Gier, Hass und Verblendung.

Ganz allgemein bedeutet Zuflucht im Sangha zu finden, dass wir in der Gemeinschaft der Menschen, die die buddhistische Praxis mit uns teilen, Zuflucht finden. Zu wissen, dass auch Andere ihr Leben der Lehre des Buddhas gewidmet haben und ihr durch moralische Grundsätze, Achtsamkeit und Mitgefühl treu bleiben, kann uns sehr beflügeln. Konkreter und traditioneller bedeutet Zuflucht im Sangha zu finden, Zuflucht in der Gemeinschaft der Menschen, die die Freiheit gekostet haben—die Erleuchtung des Buddha. Beispiel und Lehre solcher Menschen können ungeheuer ermutigend sein.

Im Theravada Buddhismus ist das Zuflucht-Nehmen eines der vertrautesten und gebräuchlichsten Rituale für Laienpraktiker. Bei Zeremonien, Retreats oder Tempelbesuchen wird es als selbstverständlich angesehen. Es kann aber zu einem Schlüsselmoment werden, wenn wir zum ersten Mal Zuflucht suchen mit dem bewussten Ziel, unser Leben im Einklang mit unseren tiefsten Werten und Wünschen zu gestalten. Wenn die Meditationspraxis mit Buddha, Dharma und Sangha verbunden ist, schützt uns das vor der Gefahr, dass sich unsere Praxis auf rein intellektuelle Fragen oder Probleme der persönlichen Therapie beschränkt. Es trägt dazu bei, dass ein breites, gefestigtes Fundament entsteht, von dem aus die gesamte Meditationspraxis wachsen und gedeihen kann.

XXX

Das Juwel der Gemeinschaft

Umgebe dich nicht mit bösen Menschen.
Umgebe dich mit rechtschaffenen Freunden.
Dhammapada 78

Die buddhistische Praxis wird durch die Gemeinschaft der Ausübenden unterstützt und gepflegt. Diese Idee ist eingebettet in das Verständnis, dass die buddhistische Gemeinschft eine der drei Juwelen ist, die die Übung des Einzelnen stärken. Buddha, Dharma und Sangha können als Unterstützung und Zufluchtsort von gleicher Bedeutung sein, doch werden die zwei ersten in den westlichen buddhistischen Kreisen oft stärker betont. Die Menschen sind meist mehr an der Erleuchtung, der Übung und den Lehren interessiert, als an der wichtigen Rolle der Gemeinschaft in der Praxis.

Es hat rund 30 Jahre gedauert, um die Achtsamkeitsmeditation im Westen zu etablieren. Ich glaube, dass die nächste wichtige Entwicklung für die westliche Achtsamkeitsbewegung eine Stärkung der Gemeinschaft werden wird. Wir sollten dieses Juwel nicht überbewerten, aber es doch mit Buddha und Dharma in Einklang bringen. Wie die drei Standbeine eines Stativs: jedes ist notwendig.

Allein zu üben kann sehr schwer sein. Geistige Übung verändert oft unsere Werte und Prioritäten. Werte wie Zufriedenheit, Großzügigkeit, Liebe und Mitgefühl können in Konflikt geraten mit den Werten des Konsumierens, Ehrgeizes, Egoismus und der Gefühllosigkeit in unserer Gesellschaft. Die Gemeinschaft der Übenden bietet gegenseitige Unterstützung fü ein Leben mit alternativen, geistigen Werten.

Geistige Übung in der Gemeinschaft kann auch ein Spiegel für uns selbst werden, da wir durch die Beziehungen mit anderen Übenden lernen, uns selbst besser zu verstehen. Mein wichtigster Beweggrund in einer buddhistischen Gemeinschaft zu leben war, aus diesem Widerspiegeln, vor allem durch erfahrene Übende, Nutzen zu ziehen. Die Übenden unterstützten oder beteiligten sich nicht an meinen „Ego-Trips" und meinen emotionalen Reaktionen—im Gegensatz zu vielen meiner Freunde. Und weil sie nicht mitmachten, konnte ich besser sehen, was ich tat.

Meine ersten Jahre der Übung in einer buddhistischen Gemeinschaft waren auch deshalb wertvoll, weil mir die Anderen mit ihrem Mitgefühl und ihrer Freundlichkeit ein gutes Beispiel waren. Ihr Vorbild wurde zu inspirierenden praktischen Lehren, die mir zeigten, wie ich in ähnlicher Weise handeln konnte.

Natürlich können auch andere Gemeinschaften Rückmeldung und Vorbild bieten. Doch mag die Überzeugung, der sich die buddhistische Gemeinschaft gewidmet hat und nach der sie versucht zu leben, sie von vielen anderen Gruppen unterscheiden. Die buddhistische Gemeinschaft ist ein Ort an zu dem jeder kommen und üben kann. Wenn wir mit jemandem in Konflikt geraten, oder wenn uns etwas missfällt, das jemand sagt oder tut, so schließen wir diese Person nicht aus der Gemeinschaft aus. Stattdessen untersuchen wir den Konflikt in bewusster Weise. Wir versuchen alle Anhaftungen, Ängste, Projektionen und Verwirrungen wahrzunehmen. Wir halten Ausschau nach Möglichkeiten der Aussöhnung und nach weisen Wegen einander zu respektieren und Raum für Verschiedenheiten zu schaffen. Diese Hingabe zur Einbeziehung bedeutet, dass wir immer versuchen, die buddhistische Gemeinschaft zu einem sichern Ort zu machen, wo jeder sich selbst sein kann. Und das ist eine Voraussetzung für die tiefgreifende Arbeit der buddhistischen Übung.

Aus dem gleichen Grund ist die buddhistische Gemeinschaft auch ein sicherer Ort, neue Wege des Seins auszuprobieren. Da buddhistische Übung unsere Unsicherheiten und angelernten Verhaltensmuster in den Hintergrund treten lässt, kann die Gemeinschaft ein Ort sein, an dem, zum Beispiel, zwanghafte Redner entdecken können, wie man weniger redet, oder Schüchterne, neue Wege sich zu Wort zu melden.

Das Üben in einer Gemeinschaft mit Anderen hat sicher viele Vorteile, doch sollten wir uns auch möglicher Probleme bewusst sein. Sobald sich eine Gruppe von Menschen in einer Gemeinschaft zusammen findet, entsteht eine Kultur, die auch blinde Flecken, oder Schattenseiten haben kann. Wenn du die Teilnahme an einer Gemeinschaft wegen ihrer Schattenseiten vermeidest, wird dir keine Gemeinschaft jemals genügen. Falls du nur die Sonnenseiten genießen willst, tust du dir ebenfalls einen schlechten Dienst. Eine Funktion der buddhistischen Übung ist es, die Schattenseiten klar zu machen und mit dem Licht ins Gleichgewicht zu bringen. Ohne ehrliche Übung können die Schattenseiten einer Kultur verborgen bleiben.

Eine häufige Schattenseite buddhistischer Gemeinschaften ist zum Beispiel der Ärger. Das kommt hauptsächlich daher, dass Freundllichkeit und Mitgefühl so hoch bewertet werden. Je mehr eine Kultur Freundlichkeit und Mitgefühl wertschätzt, umso stärker wird Ärger und Feindseligkeit in den Schatten gedrängt. Menschen werden vermeiden diese Seite von sich zu zeigen, und verdrängen sie manchmal sogar sich selbst gegenüber. Die Übung der Achtsamkeit ist das Gegenmittel zu dem, was im Schatten verborgen ist. Wenn wir uns unseres Körpers, unserer Gefühle und unserer Gedanken stärker bewusst sind, werden wir ehrlicher in unserem Innenleben und unserem Leben nach außen.

Das Leben besteht aus Begegnungen und in diesen Begegnungen lernen wir etwas über uns selbst. In der buddhistischen Übung betrachten wir, was wir jeder Begegnung entgegen bringen. Wie erlauben wir anderen Menschen uns zu begegnen und wie begegnen wir ihnen? Zu meditieren und in sich selbst zu ruhen und der Welt von diesem vertrauten Ort aus zu begegnen ist wunderschön. In einer Gemeinschaft der Übenden können wir lernen, diesen vertrauten Ort in unser restliches Leben zu bringen.

XXXI

Fragen als Übung der Praxis

Achtsamkeit ist der Weg zur Unsterblichkeit.
Achtlosigkeit der Weg zum Tod.
Die Achtsamen sterben nicht,
Die Achtlosen sind eigentlich schon tot.
Dhammapada 21

Meine erste Frage an einen buddhistischen Lehrer war, „Welche Art von Bemühen ist notwendig um Zen-Meditation zu praktizieren?" Er stellt die Gegenfrage, „Wer ist es, der sich bemüht?" Seine Erwiderung ergab für mich keinen Sinn und die Unterhaltung war damit beendet. Als ich über dieses Gespräch nachgrübelte, wurde mir klar, dass ich beide Fragen für mich selbst beantworten musste. Meine eigene und seine Gegenfrage. Als ich dies tat erkannte ich, dass bestimmte spirituelle Fragen nur durch unsere direkte Erfahrung beantwortet werden können.

Über die Jahre haben mich viele solcher Fragen motiviert und meine Übung geleitet. Eine Frage dieserArt trieb meine Zen-Übung an: „Wie kann ich allein sein, wenn ich mit Anderen zusammen bin?" In anderen Worten: Wie kann ich mich in sozialen Situationen ohne Angst und ohne Selbstbestätigung bewegen? Diese Frage gewann an Bedeutung nach einer Zeit der Einsamkeit, in der ich Freiheit und inneren Frieden erlebte wie nie zuvor. Statt mich der Einsamkeit als dieLösung meiner Probleme mit der Welt zuzuwenden, stieß mich die Frage an, das soziale Leben weiter zu erforschen und zu üben.

Später leitete eine andere Frage meine Zen-Praxis: „Wie nehme ich vollen Anteil an dem, was gerade passiert?" Oder, wie kann ich die Tendenz mich zurückzuhalten und das Gefühl ausgeschlossen zu sein von allem was ich tue, sei es Atemmeditation oder Gemüse schneiden, überwinden. DieseFrage war eine sehr hilfreiche Richtschnur für meine Erforschung, da es meine Übung auf das konzentrierte, was gerade geschah und nicht auf Ideale, Hoffnungen oder Selbstbezogenheit. Ich erwartete keine Antworten auf diese Fragen von meinen Lehrern. Auch handelte es sich hier nicht um Fragen, die einfach zu beantworten waren. Sie mussten in jeder Situation neu beantwortet werden.

Richard Baker-Roshi, einer meiner ersten Zen-Lehrer, ermutigte seine Schüler über ihre Sorgen und Fragen umfassend zu reflektieren, bis wir ihren „Kern" gefunden hatten. Viele von uns brachten lange Erzählungen über unser Leben und unsere persönlichen Beziehungen vor, bevor wir um einen Ratschlag fragten. Oder wir stellten abstrakte Fragen über buddhistische Philosophie. Als eine Alternative zu solchen Fragen leitete uns Baker-Roshi an, die Frage auf den Kern der Identität, der Absicht oder der Sichtweise auf der sie beruht zu präzisieren. Als ich zum Beispiel für die Leitung der Klosterküche zuständig war, hatte ich Schwierigkeiten mit der Küchenmannschaft. Ich rannte nicht gleich zu einem Lehrer, um ihm die Schwierigkeiten zu schildern und um Rat zu fragen. Stattdessen verweilte ich bei meiner inneren Spannung, bis ich einsah, dass ich durch meinen von Angst getriebenen Wunsch, immer von allen geschätzt zu werden, zu diesen Spannungen beigetragen hatte. Als ich das erkannte, fand ich es sinnvoller, mit dem Bedürfnis geschätzt zu werden zurecht zu kommen, als zu versuchen, die Beziehungen zu den Anderen in Ordnung zu bringen. In diesem Versuch schärften folgende Fragen die Nachforschungen: „Wer ist dieses Selbst, das geschätzt werden will?" und „Wer ist dieses Selbst, das Angst hat?" Zu jener Zeit hatte ich keine Antworten auf diese Fragen. Allerdings, so wie die erste Gegenfrage—„Wer ist es der sich bemüht?"— motivierten mich diese Fragen meine Übung fortzusetzen.

Oftmals ist es so, dass je grösser die meditative Ruhe bei einer wichtigen Frage ist, desto eher eine Lösung aus dem Inneren auftauchen wird. Ich erlebte das, als ich mit der Frage konfrontiert war, ob ich ein Universitätsstudium beginnen oder in ein buddhistisches Kloster eintreten sollte. Als ich meinem inneren Kampf und dem Unbehagen bewusst und ohne nachzudenken Raum gab, war ich überrascht, wie eine bemerkenswert klare Entscheidung zum Eintritt ins Kloster auftauchte.

Später in Burma trieben weitere Schlüsselfragen meine Übung in intensiver *Vipassana*-Meditation an. Eine davon war: „Was ist es, in der Übung gründlich und sorgfältig zu sein?" Eine andere war die klassische Frage „Was ist das Selbst?"—eine auf das Wesentliche destillierteForm der Frage „Wer ist es, der sich bemüht?" und „Wer ist dieses Selbst, das Angst hat?"Als hätten sie ihren eigenen Willen, spornten mich diese Fragen an, meine Aufmerksamkeit von der Voreingenommenheit weg und hin zur Erforschung zu lenken. Mein *Vipassana*-Lehrer Sayadaw U Pandita bestärkte mich in dieser Auffassung. Er gab seinen Studenten strenge Anweisungen, ihre direkte Erfahrung zu untersuchen anstatt abstrakte existenzielle Fragen zu stellen. Er hatte absolutes Vertrauen, dass wir, wenn wir nur klar und tief genug in uns gehen, wir das entdecken, was wir brauchen um bewusster und freier zu werden. Die einzige Frage, die angemessen und allgemeingültig genug erschien war „Was ist das?" Unsere Untersuchung sollte ungebrochen und entspannt sein, so dass wir die Einzelheiten des gegenwärtigen Augenblicks immer tiefer erfassen konnten.

Bei der Übung der Achtsamkeit auf diese Weise fand ich es hilfreich, die Frage „Was ist es?" zurückzuführen auf die Beschaffenheit eines Bewusstseins, das den Augenblick kennt oder untersucht. Dieses Umkehren der Aufmerksamkeit auf sich selbst kann verschiedene Früchte tragen. Es kann uns zeigen, wo sich Festklammern, Abneigung oder Selbstgefälligkeit in unsere Übung eingeschlichen hat.

Vielleicht noch wesentlicher ist die Aufdeckung der eindeutig unwirklichen Natur unserer Selbsteinschätzung, also der Entwürfe unseres Selbst, als das Wissende, das wahrnimmt.

Der höchste Wert des Fragens in der buddhistischen Übung liegt in der Stärkung unseres Vertrauens, unserer Gelassenheit und der Fähigkeit, in allen Situationen offen zu sein. Und wenn meditative Gelassenheit reif ist, kann eine einfache Frage, eine Öffnung für unbekannte Möglichkeiten, uns manchmal von den letzten Fesseln, die uns an die geschaffene Welt binden, befreien. Und uns zu größerer Freiheit bringen.

XXXII

Antwort auf Tragödie

*Nicht der ist edel,
der etwas Lebendiges verletzt.
Man wird zum Edlen dadurch,
dass man keinem lebendigen Wesen Schaden zufügt.*
Dhammapada 270

Im Herzen des Buddhismus liegen sowohl Realismus und wie Zuversicht. Der Realismus umfasst eine ehrliche und unbeirrbare Erkenntnis des Leidens und der Gewalt in unserer Welt. Sie existierten zur Zeit des Buddha und bestehen weiter in unserer heutigen Welt. Die Zuversicht entsteht durch das Wahrnehmen der Möglichkeit Leid und Gewalt zu vermindern. Tatsächlich können wir die schädlichen Einflüsse von Gier, Hass und Selbsttäuschung aus unserem Herzen entfernen. Wir können sie durch Friedfertigkeit, liebende Güte und Mitgefühl ersetzen. Für die buddhistische Praxis sind sowohl Realismus wie auch Zuversicht wichtig. Realismus allein führt zu Verzweiflung. Zuversicht allein vernebelt die Grundlage der geistigen Übung.

Angesichts unvorstellbarer Tragödien, Gewalt und Hass, sind wir aufgefordert, unsere eigenen Gefühle von Angst, Verwirrung und Ärger klar zu erkennen. Unbeachtete Angst verursacht noch mehr Angst; uneingestandene Verwirrung wühlt noch mehr Verwirrung auf; verdrängter Ärger bringt noch mehr Ärger hervor. Wenn wir unsere Achtsamkeit für diese drei Einflüsse entwickeln, können wir lernen, uns von ihrer Macht zu befreien.

Dies ist ein langsamer und stufenweiser Vorgang. Aber je freier wir werden, umso fähiger werden wir, unser Leben nach unseren guten Vorsätzen auszurichten. Der Vorsatz freundlich, mitfühlend, hilfsbereit, glücklich und frei zu sein, ist die wunderbarste Eigenschaft, die wir als Menschen haben.

Diese Eigenschaften sind kein Luxus, den man nehmen oder lassen kann. Wir benötigen sie, wenn wir auf die Hilferufe unserer Welt antworten wollen. Die Zuversicht des Buddhismus ist, dass wir einen Unterschied machen können in der Welt, die uns umgibt. Unsere Gedanken, Worte und Handlungen des Mitgefühls, der Liebe und Sorge sind die Gegenmittel zu Hass, Gewalt und Verzweiflung. Unsere eigenen Bemühungen inneren Frieden zu finden und unser Vorbild können eine wichtige Kraft für förderliche Veränderungen sein bei Menschen, die noch nichts von dieser Möglichkeit wissen.

Die Geschichte des Buddhismus zeigt viele Beispiele, wie einflussreich die friedfertige Anwesenheit eines Menschen sein kann. Als Prinz Siddhartha von

Krankheit, Alter und Tod bestürzt war, erweckte der Anblick eines friedvollen Asketen den Wunsch in ihm, die Möglichkeiten einer geistigen Suche zu ergründen, welche ihn zur Erleuchtung als Buddha geführt hat.

Eine dramatische Erzählung handelt von der Bekehrung des gewalttätigen Königs Ashoka, 3000 Jahre vor unserer Zeit. Er war entschlossen so viel von Indien zu erobern wie nur möglich. In seinen eigenen Worten, welche auf seinen Auftrag hin in Stein gemeißelt wurden, erzählt er von seinem Schrecken als er nach seinem Sieg das Blutbad der 100.000 Toten sah. Als er in Trauer auf dem Schlachtfeld stand, schritt ein einzelner buddhistischer Mönch an ihm vorbei, der so eine innere Ruhe ausstrahlte, dass sich der König bewogen fühlte, Unterricht von ihm zu erbitten. Angespornt von seiner eigenen Verzweiflung, der Gelassenheit des Mönchs und den Lehren, schwor er dem Eroberungskrieg, der Gewalt und der Todesstrafen ab. Obwohl er seine Armee zur Verteidigung behielt, lenkte er von nun ab sein Bemühen auf die soziale und spirituelle Verbesserung seiner Untertanen.

Wir können nicht wissen, welche der Lehren Ashoka von diesem Mönch erhalten hat. Doch der Buddha hatte über Gewalt und Hass viel zu sagen. Vielleicht hat der Mönch folgende Zeilen des Buddha wiederholt:

Hass endet nie durch Hass.
Allein durch nicht-hassen endet er.
Das ist die ewige Wahrheit.
Sieg gebiert Hass,

der Unterlegene schläft gepeinigt.
Sieg und Niederlage aufgegeben,
schläft der Friedvolle in Freude.

Alle erzittern vor der Gewalt,
alle fürchten den Tod.
Da du erkannt hast, das Andere so fühlen wie du fühlst,
so töte nicht und bring Andere nicht zum Töten.

Wenn du auf der ganzen Welt suchtest,
würdest du doch niemanden finden,
der dir teurer ist als du dir selbst.
Da jeder Mensch sich selbst der Teuerste ist,
mögen jene, die sich selbst lieben, Anderen kein Leid
zufügen.

Der Mensch, der sich Tag und Nacht,
an Harmlosigkeit erfreut
und allen Wesen liebende Güte entgegenbringt,
ist einMensch, der für niemanden Hass hegt.

In der buddhistischen Lehre haben wir zwei gesunde Antworten auf das Leiden in der Welt. Eine ist Mitgefühl. Eine gewaltige Motivation zur Veränderung der Welt zum Besseren kann aus Mitgefühl entstehen. Ich glaube, dass Mitgefühl eine bessere Motivation ist als Abneigung.

Die andere Antwort wird *samvega* genannt. Es ist die Leidenschaft für die Übung. In unserer Begegnung mit dem Leiden, finden wir die Motivation mit unserem Leiden zurecht zu kommen, und Freiheit für uns selbst und Andere zu finden. Beide Antworten tragen zum Frieden bei.

Mögen wir alle darauf vertrauen, dass wir einen Unterschied machen können.

Anhang I

Theravada – Der Weg zur Freiheit

„Theravada"—wörtlich „Die Lehren der Alten"— ist eine uralte buddhistische Tradition, die über zwei Jahrtausende Übungen und Lehren der Weisheit, Liebe und Befreiung gepflegt und erhalten hat. Freiheit, der zentrale Aspekt um den sich diese Tradition dreht, ist eine tiefe Einsicht in und Teilnahme an den „Dingen wie sie wirklich sind": Die Welt in der wir leben ohne die Filter der Gier, des Hasses und der Täuschung.

Mit der immer gegenwärtigen, zeitlosen Unmittelbarkeit der „Dinge wie sie sind" als zentralem Bezugspunkt, ist die Theravada Schule eine sich laufend verändernde und vielfältige Tradition, die aus den spezifischen persönlichen, historischen und kulturellen Rahmenbedingungen der Praktizierenden entstanden ist. Heute gibt es über 100 Millionen Theravada Buddhisten in Sri Lanka und Südost-Asien. Die derzeit einflussreichsten Theravada Länder sind Myanmar

(Birma), Thailand und Sri Lanka. Aus diesen Ländern ist diese Tradition auch in den Westen gelangt.

Theravada Buddhismus in Nordamerika

Seit den 1960er Jahren hat die Theravada Tradition langsam aber stetig auch in Nordamerika Fuß gefasst. Die zwei wichtigsten Ausgangspunkte waren die Gründung des ersten amerikanisch-buddhistischen *vihara*, oder Klostertempels, durch die buddhistische Gemeinde Sri Lankas in Washington D.C., und zehn Jahre später die Gründung des *Vipassana* Meditationszentrums in Barre, Massachusetts, bekannt als die Insight Meditation Society (IMS). Diese beiden Zentren stellen zwei unterschiedliche Formen dar, die der Theravada Buddhismus in Nordamerika angenommen hat. Die klösterlich orientierte Tradition und die Tempel der südostasiatischen Einwanderer auf der einen Seite und die laienorientierte *Vipassana* Bewegung, großteils aus Amerikanern europäischer Abstammung bestehend. Die erste Gruppe ist eher konservativ und praktiziert in Amerika die verschiedenen Formen des Buddhismus, wie sie in ihren Herkunftsländern vorkommen. Die Letzteren haben einen eher liberalen und experimentellen Ansatz, um den Theravada Buddhismus an das laienbasierte amerikanische Umfeld anzupassen.

Die neueste Form des Theravada Buddhismus in den USA passt in keine der beiden Kategorien. Sie ist gekennzeichnet vonklösterlichen Zentren, die von Euro-Amerikanern geführt und unterstützt werden. Ein Beispiel ist das Abhayagiri Kloster in Redwood Valley (Kalifornien), das von dem englischen Mönch Ajahn

Amaro 1996 gegründet wurde. Zusätzlich ermöglichen zwei weitere klösterliche Zentren, Metta Forest Monastery in San Diego County (Kalifornien) und die Bhavana Society in High View (West Virginia), klösterliche Praxis für westliche Menschen, wobei sie fest mit ihren traditionellen asiatischen Gemeinschaften verbunden bleiben. In diesen Zentren können wir möglicherweise den Anfang einer amerikanischen Version des Theravada Klosterwesens sehen.

Das Klosterleben wurde lange Zeit als der beste Lebensstil betrachtet für das Studium, die Übung, den Dienst am Nächsten und die Reinigung des Herzens. Allerdings wurden im 20. Jahrhundert und vor allem im modernen Westen, die gesamten Möglichkeiten der Theravada Meditationspraxis auch Laien in noch nie dagewesener Weise ermöglicht. Aus diesem Grund wird das Leben im Kloster nicht mehr als die einzige Form der Weiterführung der Tradition angesehen, obwohl es ein Anker und eine Kraft zur Erhaltung bleibt.

Obwohl es noch zu früh ist zu sagen wie der amerikanische Theravada Buddhismus schließlich aussehen wird, wird er wahrscheinlich mindestens ebenso vielfältig sein wie in seinen südostasiatischen Herkunftsländern. Vielleicht wird er sogar die Grenzen der Tradition erweitern, die ihn ursprünglich definiert hat.

Grundlegende Lehre
Der Buddha ermutigte die Menschen nicht blind zu glauben, sondern selbst „zu kommen und zu sehen". Deshalb heben seine Lehren die Übung hervor und nicht

den Glauben oder die Doktrin. In diesem Sinn sind viele
Theravada Übungen einfach Übungen der
Wahrnehmung, die aber bei regelmäßiger Anwendung
sehr wirkungsvoll sind. Ergänzend dazu lehrt die
Tradition Übungen zur Stärkung der Großzügigkeit, des
Dienstes an Anderen, Ethik, liebende Güte, Mitgefühl
und die richtige Lebensweise. Diese Übungen pflegen
das Wachstum eines erleuchteten und befreiten
Herzens und helfen uns weise und mitfühlend zu leben.

Die Theravada Tradition führt seine Übungen und
Lehren auf den historischen Buddha zurück. Obwohl er
ein Objekt großer Verehrung war, hat die Tradition
über die Jahrhunderte hin den Buddha doch immer als
einen Menschen gesehen, als jemanden, der den Weg
der Übung zeigte, dem Andere folgen können. Die
Theravada Schule überliefert den Großteil der Lehren
des Buddha in einer umfassenden Schriftensammlung,
den Suttas, die auf Pali—der Theravada Entsprechung
des Kirchenlatein—niedergeschrieben sind. Diese
bemerkenswerten Schriften beinhalten hoch geschätzte
und genaue Beschreibungen der Übungen, Ethik,
Psychologie und Lehren über das spirituelle Leben. Sie
beinhalten auch eine ernste Warnung, seine eigene
Urteilskraft gegenüber der Tradition und diesen Texten
nicht aufzugeben, aber gleichzeitig auch die Warnung,
nicht nur seinem eigenen Urteil zu folgen, ohne Andere
angehört zu haben. In der Kalama Sutta, sagt der
Buddha über die Entscheidung über das Wahre oder
Falsche der spirituellen Lehren:

Folge nicht der überlieferten Tradition, der
Herkunft der Lehre, dem Hören-Sagen, der

Schriftensammlung, der logischen Beweisführung, der schlussfolgernden Beweisführung, dem Nachdenken über Gründe, der Akzeptanz einer Sichtweise durch Abwägen, der scheinbaren Fähigkeit eines Sprechers, oder einfach weil du denkst „Der Asket ist unser Lehrer."

Aber wenn du selbst erkennst, „Diese Dinge sind ungesund, diese Dinge sind tadelnswert, diese Dinge werden von den Weisen abgelehnt, diese Dinge führen zu Schaden und Leiden wenn sie angewandt werden", dann solltest du sie aufgeben.

Aber wenn du selbst erkennst, „Diese Dinge sind förderlich, diese Dinge sind frei von Schuld, diese Dinge werden von den Weisen gepriesen, diese Dinge führen zu Wohlergehen und Glück wenn sie angewandt werden", dann solltest du dich ihnen widmen.

Eine grundlegende Ursache dieser pragmatischen Kriterien für spirituelle Wahrheit oder Falschheit, war wohl, dass der Buddha wenig daran interessiert war korrekte metaphysische Ansichten aufzustellen. Es ging ihm mehr darum aufzuzeigen, wie man sich vom Leiden zur Freiheit vom Leiden, vom Leiden zur Befreiung bewegen kann. Deshalb ist die wichtigste Lehrmeinung der Theravada Tradition in den „vier edlen Wahrheiten" zu finden. „Wahrheit" bezieht

sich hier darauf, was spirituell oder therapeutisch richtig und hilfreich ist. Die vier edlen Wahrheiten sind:
1. Es gibt Leiden
2. Der Grund des Leidens ist Verlangen
3. Es gibt die Möglichkeit das Leiden zu beenden
4. Zum Ende des Leidens führt der edle achtfache Pfad

Leiden (*dukkha* auf Pali) bezieht sich dabei nicht auf körperlichen und fühlbaren Schmerz, welchen wir zwangsläufig erleben. Es bezieht sich auf die Unzufriedenheit und Spannung, die wir durch das Anhaften, das Festklammern unserem Leben hinzufügen. Die erste und zweite edle Wahrheit sind ein Aufruf klar zu erkennen, dass unser Leiden und die verschiedenen Arten des Begehrens und der Abneigung, der Grund für das Anhaften und somit für das Leiden sind. Ein Grund warum die Theravada Tradition die Übung der Wahrnehmung betont, ist uns zu helfen das zu erkennen. Die dritte und vierte edle Wahrheit zeigt uns die Möglichkeit der Beendigung des durch Anhaften verursachten Leidens und ein Leben mit einem freien Herzen.

Die Erfahrung, frei zu seinvon Leiden durch Anhaftung, wird als *nibbana* (*nirvana* auf Sanskrit) bezeichnet und wird im Deutschen allgemein als Erleuchtung oder Erweckung bezeichnet. Obwohl die Theravada Tradition *nibbana* manchmal als einen Zustand großen Glücks oder Friedens beschreibt, wird es meist einfach durch die Abwesenheit von Begehren und Anhaften definiert. Der Hauptgrund für diese negative Definition ist, dass *nibbana* so grundsätzlich anders ist, als alles was wir mit Worten beschreiben können, dass es am besten gar nicht erst versucht wird. Darüber hinaus rät die Lehre davon ab, sich auf bestimmte Ideen der Erleuchtung, wie auch auf zwecklose philosophische oder metaphysische Spekulationen festzulegen. In der Tat ist ein Teil der Brillanz der vier edlen Wahrheiten, dass sie eine Anleitung zu einem spirituellen Leben bietet, ohne die Notwendigkeit sich an dogmatische Glaubenslehren binden zu müssen.

Der achtfache Pfad
Die vierte edle Wahrheit beschreibt die Stufen, die wir zum Loslassen der Anhaftungen nehmen können: Der edle achtfache Pfad besteht aus:
1. Rechte Einsicht
2. Rechte Gesinnung
3. Rechte Rede
4. Rechtes Handeln
5. Rechter Lebenserwerb
6. Rechtes Streben
7. Rechte Achtsamkeit
8. Rechte Sammlung

Diese acht Aspekte sind meist in die drei Kategorien Weisheit, Moral und Meditation (*pañña, sila* und *samadhi*) eingeteilt.

Weisheit umfasst rechte Einsicht und rechte Gesinnung. Dies beginnt mit der Erkenntnis, dass die Motivation zur Übung aus dem Verständnis entsteht, wie die vier edlen Wahrheiten mit unserer persönlichen Situation zusammenhängen.

Ethik umfasst rechte Rede, rechtes Handeln und rechten Lebenserwerb. Der Theravada Buddhismus lehrt uns, dass wir kein offenes, vertrauensvolles und nicht anhaftendes Herz entwickeln können, wenn unser Handeln von Gier, Hass oder Täuschung motiviert ist. Ein guter Pfad zur Entwicklung und Stärkung eines erleuchteten Herzens ist, unser Handeln von Werten der Großzügigkeit, Freundlichkeit, Ehrlichkeit und des Mitgefühls leiten zu lassen.

Abschließend umfasst die Übung des Bewusstseins rechtes Streben, rechte Achtsamkeit und rechte Sammlung. Mit einem Streben das weder angespannt noch allzu selbstverständlich ist, entwickeln wir Klarheit und dauerhaftes Bewusstsein, so dass wir das verborgene Innere des Lebens erkennen können. Und das wiederum hilft uns Anhaftungen zu beenden.

Das stufenweise Training

Die *suttas* zeigen, dass der Buddha ein stufenweises Training der geistigen Entwicklung beschrieb (z.B. im *Samaññaphala Sutta* in der *Digha Nikaya* und *Ganakomoggallana Sutta* in der *Majjhima Nikaya*). Dieses Training beginnt bei der Entwicklung von Großzügigkeit, über die Ethik, zur Achtsamkeitspraxis, weiter zur Gedankensammlung, über die Einsicht schlussendlich zur Befreiung. Das stufenweise Training ist eine Erweiterung der drei Kategorien des achtfachen Pfades mit Großzügigkeit und Ethik in *sila* enthalten, Meditationsübungen in *samadhi* und Einsicht und Befreiung *pañña* zugehörend. Obwohl dieses stufenweise Training oft aufeinander aufbauend dargestellt wird, kann es auch separat und unabhängig von einander als eine hilfreiche Beschreibung wichtiger Elemente des geistigen Weges gesehen werden. Verschiedene Menschen durchlaufen diesen zu verschiedenen Zeiten in einer nicht immer geradlinigen Weise. Menschen aus dem Westen, die Theravada ausüben, überspringen oft einige der frühen Stufen des Trainings. Stattdessen konzentrieren sie sich anfänglich auf die Bewusstseinsübungen und im speziellen auf die Achtsamkeit. Obwohl es im Westen gute Gründe geben mag mit der Achtsamkeit zu beginnen, übergehen wir damit vielleicht die Entwicklung gesunder psychologischer Qualitäten von Geist und Seele, die ein wichtiges Fundament sind. Wenn wir mit der Achtsamkeitsübung beginnen, übersehen wir vielleicht auch, dass die Erkenntnis und das reine Herz im Dienst am Nächsten zum Ausdruck kommen kann.

Großzügigkeit
Das traditionelle Theravada Training beginnt mit *sila* und der Entwicklung der Großzügigkeit (*dana*). In seiner höchsten Form ist die Praxis von *dana* weder durch moralische Ideen von richtig und falsch, noch von möglichen zukünftigen Belohnungen motiviert. Stattdessen ist es die Absicht dieser Übung, unsere Fähigkeit zu stärken, in allen Situationen feinfühlig und angemessen großzügig zu sein.

Wenn sich Großzügigkeit entwickeln kann, stärkt sie die geistige Offenheit und unterstützt damit die herausfordernden Übungen der Achtsamkeit. Wenn die Übung der Großzügigkeit unsere Anhaftungen und

Abhängigkeiten offenlegt, werden wir uns der Wirkung der vier edlen Wahrheiten auf unser eigenes Leben leichter bewusst. Die Großzügigkeit hilft uns, in unserem geistigen Leben eine Verbindung mit unseren Mitmenschen zu schaffen und schwächt den Hang egozentrisch und auf uns selbst fixiert zu sein.

Ethik
Darauf aufbauend wird *sila* im stufenweisen Trainung erweitert um die Ethik einzuschließen, die manchmal als die Entwicklung von Zufriedenheit beschrieben wird, da moralische Verstöße oft aus Unzufriedenheit entstehen. Für einen Laien bedeutet Übung der Ethik, sich an die folgenden fünf Grundsätze zu halten:

1. Sich enthalten ein lebendes Wesen zu töten
2. Sich enthalten zu stehlen oder zu nehmen, was einem nicht gegeben ist
3. Sich sexuellen Fehlverhaltens zu enthalten
4. Sich enthalten zu sagen, was nicht wahr ist
5. Sich Alkohol oder Drogen zu enthalten, die Leichtsinn oder Achtlosigkeit verursachen

Die Grundsätze sind nicht als moralisierende Gebote gedacht, sondern als Richtschnur für die Entwicklung rechten Handelns. Sie werden gelehrt, weil sie Eigenschaften wie Zurückhaltung, Zufriedenheit, Ehrlichkeit, Klarheit und Achtung vor dem Leben stärken. Sie erzeugen auch gesunde Beziehungen zu anderen Menschen und Lebewesen. Der Pfad des Nicht-

Anhaftens fällt uns leichter, wenn unsere Beziehungen in Ordnung sind.

Die Theravada Tradition empfiehlt die Entwicklung von vier warmherzigen Eigenschaften, die als die himmlischen Domizile (*brahma-viharas*) bezeichnet werden: liebende Güte, Mitgefühl, Mitfreude und Gleichmut. Liebende Güte ist selbstlose Freundlichkeit oder Liebe, die sich selbst und anderen Glück und Freude wünscht. Mitgefühl und Mitfreude, ergänzende Ausdrücke der liebenden Güte, betreffen die Teilnahme an Freud und Leid unserer Mitmenschen, doch ohne jede Anhaftung. Gleichmut ist die Eigenschaft, allem was geschieht, besonders in Situationen in denen wir anderen oder uns selbst nicht helfen können, mit Ausgeglichenheit, Festigkeit und Fassung zu begegnen. Theravada Buddhisten verwenden diese Einstellung gewöhnlich als Richtschnur für ein gutes Zusammenleben mit anderen.

Meditation

Wenn ein Fundament von Großzügigkeit und Ethik geschaffen ist, setzt sich das stufenweise Training mit der Entwicklung der Meditationsübungen fort. Von diesen hat der Theravada Buddhismus eine große Auswahl, einschließlich vieler verschiedener Formen der formellen Sitz- und Geh-Meditation, wie auch der Entwicklung von Achtsamkeit bei unseren alltäglichen Verrichtungen. Meditationsübungen sind üblicherweise in die zwei Kategorien eingeteilt: Sammlung und Achtsamkeit.

Übungen der Sammlung betonen die Entwicklung einer beständigen, auf einen Punkt gerichteten Konzentration auf Merkmale wie den Atem, ein Mantra, ein geistiges Bild oder ein Thema wie liebende Güte. Zustände starker Sammlung können vorübergehende, aber oft hilfreiche Zustände psychologischer Vollständigkeit und Wohlbefinden verursachen. Liebende Güte (*metta* auf Pali) ist ein besonders nützliches Thema für die Sammlung, weil es das traditionelle Gegenmittel zu allen Formen der Abneigung und Selbstkritik ist. Zusätzlich hilft diese Übung Freundlichkeit zu entwickeln, die andere Übungen der Achtsamkeit unterstützen kann.

Achtsamkeit ist die Entwicklung eines unabgelenkten Bewusstseins der sich entfaltenden Ereignisse des jetzigen Augenblicks. Sowohl bei der Übung der Sammlung, wie auch der Achtsamkeit ist das wache Bewusstsein in der Gegenwart verankert. Mit der Übung der Sammlung wird das Bewusstsein auf einen bestimmten Schwerpunkt gerichtet, wobei alles andere ausgeblendet wird. Im Gegensatz dazu, entwickelt die Achtsamkeitspraxis ein umfassendes, manchmal sogar wahlloses Bewusstsein, das alles wahrnimmt, was gerade in unserer Erfahrung vorherrscht. Es ist ein akzeptierendes Bewusstsein, das unsere Gefühle, Gedanken, Motivationen, Einstellungen und Reaktionen klar werden lässt. Dieses Bewusstsein dann wieder hilft uns Mitgefühl und Gleichmut zu entwickeln, die unsere Befreiung fördern.

Die weitaus häufigste Form der Theravada Meditation die heute im Westen gelehrt wird ist die

Übung der Achtsamkeit. Im Besonderen ist es eine Form der Achtsamkeit, die von den Lehren des Buddha abgeleitet wird und in der Schrift *Sutta der vier Pfeiler der Achtsamkeit* überliefert sind. Die vier Pfeiler sind der Körper (in dem auch die Atmung eingeschlossen ist), die Gefühle, die Geisteszustände und die *dhammas* (*dharmas* auf Sanskrit, die psychologischen Vorgänge und Einsichten, die sich auf die Entwicklung eines freien Bewusstseins beziehen). Sie sind die vier Bereiche der Erfahrung, in welchen sich Achtsamkeit entwickelt.

Einsicht und Befreiung
Mit *sila* und *samadhi* als Basis, beginnt Weisheit, oder pañña, zu wachsen. Die Schlüsselübung des Theravada Buddhismus, die zu Erkenntnis und Befreiung führt, ist die Achtsamkeit, manchmal von Übungen der Sammlung unterstützt. Achtsamkeit schafft das Fundament für Vertrauen und Zustimmung, das es uns möglich macht, uns dem zu öffnen, was auch immer unser äußeres und inneres Leben bringen mag. Selbsterkenntnis ist dabei sicher sehr wichtig, doch kann diese vertrauensvolle Offenheit oder dieser Nicht-Widerstand selbst das Tor zur Befreiung sein, was im Theravada Buddhismus das Ende aller Anhaftungen genannt wird. Ein Teil der Schönheit der Achtsamkeit ist, dass jeder klare Moment der Achtsamkeit selbst ein Moment des Nicht-Anhaftens ist und uns somit ein Vorgefühl von Befreiung gibt.

Wenn die Achtsamkeit stärker wird, offenbaren sich unmittelbar drei Erkenntnisse, die der Buddha die Eigenschaften jeglicher Erfahrung nannte, nämlich dass unsere Erfahrung vergänglich, unvollkommen und ohne Selbst ist.

Alle Dinge sind vergänglich, auch die Art und Weise wie wir uns selbst und die Welt erfahren. Da unsere Erfahrungen sich immerwährend verändern, sind sie als Quellen für dauerhafte Sicherheit oder Identität unvollkommen. Und wenn wir sehen, dass sie uns nicht dauerhaft befriedigen, erkennen wir auch, dass alles was wir erfahren nicht zu einer feststehenden und eigenständigen Auffassung eines „Selbst" gehört, weder unsere Gedanken, Gefühle oder unser Körper, nicht einmal das Bewusstsein selbst.

Manchmal löst diese Erkenntnis Angst aus. Wenn aber unsere Achtsamkeitspraxis reifer wird, erkennen wir, dass wir glücklich in dieser Welt leben können, ohne uns an etwas zu klammern und ohne von etwas abhängig zu sein. Somit helfen uns die grundlegenden Erkenntnisse der Achtsamkeitspraxis Vertrauen und gesunde Gelassenheit inmitten unseres Lebens zu entwickeln. Wie dieses Vertrauen wächst, so schwächt es unser Bedürfnis des Anhaftens. Schlussendlich verlieren sich die tiefen Wurzeln des Anhaftens— Begierde, Hass und Täuschung—und es eröffnet sich eine befreite Welt.

In gewissem Sinne ist die Frucht dieser Befreiung, in einer Welt zu leben, auf die wir unsere Anhaftungen, Ängste, Sehnsüchte und Abneigungen nicht mehr projizieren, eine Welt der „Dinge so wie sie sind" zu sehen. Wenn das Loslassen der Anhaftungen groß genug ist, erkennen wir die direkte und unmittelbare Gegenwart des „Unsterblichen", ein Begriff der im Theravada Buddhismus Allgegenwart und die zeitlose Erfahrung der Befreiung bedeutet.

Dienst am Nächsten
In gewissem Sinne endet das stufenweise Training mit der Befreiung. Befreiung ist das Tor, aus dem Mitgefühl und Weisheit fließen, ohne selbstsüchtiges Anhaften und Identifikation. Wenn unser Mitgefühl nicht gewachsen ist, mangelt es noch an Training. Für manche Menschen ist der Wunsch nach Dienst am Nächsten ein Nebenprodukt der Befreiung und des Mitgefühls. Dieser Dienst kann unzählige Formen annehmen, wie einem Nachbarn in einer schwierigen Situation zu helfen, zu entscheiden in einer Hilfsorganisation mitzuarbeiten, oder das Dharma (die Lehre) zu lehren. Bevor der Buddha seine ersten sechzig erleuchteten Jünger in die Welt hinaus schickte, sagte er zu ihnen:

> *Meine Freunde, ich bin befreit von aller menschlicher und geistiger Verstrickung. Und da ihr ebenso frei von aller menschlicher und geistiger Verstrickung seid, gehet hinaus in die Welt zum Wohle aller, zum Glück aller, zum Mitgefühl mit der Welt und zum Nutzen, zum Segen und zum Glück für Götter und Menschen.... Offenbart das geistige Leben, umfassend und rein in seinem Geist und in seiner Form.*

Der Wunsch Anderen zu dienen, kann aber auch einen stilleren Ausdruck finden, so wie einfach als Mönch oder Nonne zu leben, als ein Beispiel für ein Leben in praktischer Übung. Das Ereignis der Erleuchtung an sich, ist ein großes Geschenk, ein großer Dienst, da andere nun nicht mehr der Begierde, des Hasses und der Täuschung des Erleuchteten ausgesetzt sind. Stattdessen kommt ihnen die Ausstrahlung zugute, das gute Beispiel und die Weisheit des Erleuchteten. Das Geschenk der Erleuchtung kann als das Schließen des spirituellen Kreises gesehen werden, mit dem Großmut am Beginn und am Ende des Weges.

Glaube
Ein Schlüsselelement auf jeder Stufe des Pfades ist der Glaube, ein Wort das westliche Menschen oft missverstehen. Im Theravada Buddhismus bedeutet Glaube nicht blinde Frömmigkeit. Stattdessen beschreibt Glaube Selbstvertrauen und Vertrauen in die Lehren und Übungen der Befreiung, und in die Gemeinschaft der Lehrer und Ausübenden, in der Vergangenheit wie auch in der Gegenwart. Es ist jene Art des Glaubens, der uns anregt für uns selbst die Erfahrungsmöglichkeiten eines spirituellen Lebens zu prüfen und zu bestätigen.

Während sich diese Möglichkeiten mit der Zeit verwirklichen, entdecken wir oft wachsendes Vertrauen in unsere eigene Fähigkeit für Offenheit und Weisheit. Dies wiederum erhöht unsere Wertschätzung jener Menschen und Lehren, die dieses innere Vertrauen unterstützen. In der Theravada Tradition werden diese durch die drei Juwelen dargestellt: Der Buddha, das

Dharma (die Lehre) und die Sangha oder die Gemeinschaft der Ausübenden.

Eines der verbreitesten Rituale für Laien im Theravada Buddhismus ist „Zuflucht nehmen", d.h. bewusst zu entscheiden, sich von den drei Juwelen unterstützen und ermutigen zu lassen. „Zuflucht nehmen" ist oft ein selbstverständlicher Teil der Zeremonien bei Klausuren (Retreats) und Tempelbesuchen, doch kann es ein Schlüsselmoment sein, wenn Menschen Zuflucht nehmen mit der bewussten Entscheidung, ihr Leben in Übereinstimmung mit ihren innersten Werten und Vorsätzen zu führen. Unsere Praxis mit Buddha, Dharma und Sangha zu verbinden, hilft zu verhindern, dass sie auf intellektuelle Anliegen, Probleme persönlicher Therapie oder eigennützigem Ehrgeiz beschränkt bleibt. Zuflucht nehmen hilft eine feste und breite Basis des Vertrauens und des Respekts zu bilden, auf der wirkliche Achtsamkeit und Erkenntnis wachsen kann.

Theravada Buddhismus im täglichen Leben

Der Theravada Buddhismus unterscheidet zwischen dem Pfad der Befreiung und dem Pfad des weltlichen Wohlergehens. Dies deckt sich mehr oder weniger mit der westlichen Unterscheidung zwischen spirituellen und weltlichen Belangen. Die Pali Wörter für diese zwei Begriffe bedeuten wörtlich der höchste Pfad (*lokuttara-magga*) und der irdische oder weltliche Pfad (*lokiya-magga*). Es besteht zwischen den beiden keine absolute Trennung und wird von den Lehrern oft unterschiedlich ausgelegt, mit größerem oder kleinerem Grad von Unterscheidung. Selbst wenn ein starker Unterschied betont wird, werden die geistigen und weltlichen Pfade als sich gegenseitig unterstützend angesehen.

Der Pfad der Befreiung betrifft Selbstlosigkeit und *nibbana*, welche an und für sich nicht zu den Gepflogenheiten, Inhalten und Bedingungen der Welt gehören. Der Pfad des weltlichen Wohlergehens betrifft die Art in welcher man mit diesen Gepflogenheiten und Bedingungen umzugehen hat, um das größtmögliche persönliche, familiäre, gesellschaftliche, ökonomische und politische Wohl zu erzeugen.

Traditionell gehört *Vipassana* Meditation zum Pfad der Befreiung. Das brachte mit sich, dass viele der westlichen Menschen, die sich dieser Praxis in Asien und in Amerika gewidmet haben, nicht viel über die Theravada Lehren und Übungen für ein weltliches Wohlergehen gelernt haben. Um die Tradition in ihrer vollen religiösen Lebendigkeit zu erfassen, ist es jedoch notwendig beide Pfade zu erforschen. Das gilt vor allem für jene, die das Bestreben haben, die Übung von *Vipassana* in ihr tägliches Leben mit einzubeziehen.

In einer Anzahl von *suttas*, die in Südost-Asien weit verbreitet sind, spricht der Buddha darüber, wie man in dieser Welt gut leben kann. Die *Sigalaka Sutta* befasst sich mit unseren gesellschaftlichen und familiären Verantwortlichkeiten als Eltern, Kind, Ehepartner, Lehrer, Schüler, Freund, Arbeitgeber, Angestellter, Mönch und Laie. Ein schöner und herausfordernder Lehrsatz dieser *sutta* betrifft die

Bestreitung des Lebensunterhaltes ohne damit Schaden anzurichten:

> *Die Weisen, die geschult und diszipliniert sind,*
> *Scheinen wie ein Leuchtfeuer.*
> *Sie verdienen Geld, geradeso wie ein Biene Honig sammelt*
> *Ohne der Blume zu schaden,*
> *Und sie lassen es wachsen wie einen Ameisenhügel, der langsam höher wird.*
> *Weise erworbenes Vermögen*
> *Verwenden sie zum Nutzen für Alle.*

Über die Jahrhunderte hindurch hatte der Theravada Buddhismus enge Beziehungen zur Politik. Viele südostasiatische Könige versuchten, nach den zehn Tugenden und Pflichten zu leben, die politischen Führern von der Tradition vorgegeben waren: Großzügigkeit, ethisches Verhalten, Selbstaufopferung, Ehrlichkeit, Sanftheit, liebende Güte, Wutlosigkeit, Gewaltlosigkeit, Geduld und Übereinstimmung mit dem *Dhamma*. Zuweilen vermieden diejenigen, denen es nur darum ging dem Pfad der Befreiung zu folgen, weltliche Angelegenheiten, doch im Allgemeinen setzte sich der Theravada Buddhismus als umfassende religiöse Tradition sehr mit politischen und gesellschaftlichen Fragen auseinander: mit Bildung, Gesundheitswesen, öffentlichen Unternehmungen und in neuerer Zeit mit dem Schutz der Umwelt.

In der buddhistischen Tradition gibt es viele Feste und Feiern, die dazu beitragen eine gut funktionierende Gemeinschaft zu schaffen. So werden zum Beispiel die Anlässe, die wichtige Veränderungen im Leben eines Menschen markieren, mit einer Reihe von Ritualen feierlich begangen. Es gibt in den Theravada Gemeinschaften Zeremonien, Übungen und Feierlichkeiten bei Geburten, Heiraten, Sterbefällen und selbst beim Eintritt in den Rang der Gemeindeältesten an sechzigsten Geburtstagen. Mönche haben bei vielen, wenn auch nicht bei allen dieser Riten, eine offizielle Funktion.

Schüler und Lehrer

Der Theravada Buddhismus lehrt, dass Freundschaft eine unschätzbare Unterstützung des geistigen Lebens ist. Ganz besonders wird zur geistigen Freundschaft unter den Übenden und zwischen Übenden und Lehrenden ermutigt. Tatsächlich ist ein gebräuchlicher Name für einen Lehrer *kalyana-mitta*, was „guter geistiger Freund" bedeutet.

Obwohl Lehrer Anweisungen geben, Täuschungen und Abhängigkeiten aufdecken, neues Verständnis und neue Perspektiven enthüllen und für Ermutigung und Inspiration sorgen, ist ihre Rolle beschränkt, da wir alle den geistigen Weg selbst gehen müssen. Vor allem ist ein Lehrer nicht jemand, für den die Schüler ihren gesunden Menschenverstand und ihre persönliche Verantwortung ablegen sollten. Auch wird im Allgemeinen nicht erwartet, dass Schüler sich nur einem Lehrer widmen. Übende verbringen üblicherweise ihre Zeit mit verschiedenen Lehrern und profitieren damit von deren speziellen Fähigkeiten.

Klosterleben
 Ein Grundpfeiler der Theravada Tradition ist die klösterliche Gemeinschaft der Mönche und Nonnen. Für den Großteil der vergangenen zweitausend Jahre waren sie die wichtigsten Bewahrer der buddhistischen Lehren und Vorbild für ein der Befreiung gewidmetes Leben. Für viele ist das Klosterleben der beste Lebensstil für das Lernen, Üben, Dienen und die Reinigung des Herzens. Obwohl Askese nicht erwartet wird, ist das klösterliche Leben doch einfach gestaltet, mit minimalen persönlichen Besitztümern und Verstrickungen. Als solches bietet es ein wichtiges Beispiel für Einfachheit, Genügsamkeit, Unschädlichkeit, Tugend, Demut und die Fähigkeit mit wenig zufrieden zu sein.

 Da ihnen nicht erlaubt ist für ihr eigenes Essen einzukaufen, es zu kochen oder aufzubewahren, sind die Theravada Mönche und Nonnen von den täglichen Almosen ihrer Laiennachbarn abhängig. Ihnen ist es deshalb nicht möglich, unabhängig von der Gesellschaft zu leben, denn sie stehen notwendigerweise in beständiger Beziehung zu denen, die sie unterstützen. Meist ist dies eine gegenseitige Beziehung bei der die Laien die Mönche und Nonnen unterstützen und diese Unterweisung, Führung und Inspiration bieten.

Klausur (Retreat)
 Die beliebteste Theravada Praxis im heutigen Amerika ist die der Achtsamkeit. Sie wurde von jungen Amerikanern eingeführt, die in Südost-Asien die buddhistischen Schriften studiert hatten. Sie ist eine der wenigen asiatisch buddhistischen

Meditationspraktiken, die von Amerikanern und nicht von asiatischen Lehrern verbreitet wurde. Lehrer wie Joseph Goldstein, Jack Kornfield und Sharon Salzberg (Gründer des IMS) gestalteten die Praxis in einer besser organisierten Form und schufen damit eine leichter zugängliche, einfache aber profunde Praxis, die großteils vom buddhistischen Theravada Zusammenhang befreit ist. Wie Jack Kornfield sagte: „Wir wollten die starken und wirkungsvollen Übungen der Einsichtsmeditation, wie unsere Lehrer es taten, so einfach wie möglich anbieten, ohne die Komplikationen der Rituale, Gewänder, Gesänge und der ganzen religiösen Tradition."

Eine sehr wichtige Form der *Vipassana* Praxis sind intensive Meditationsklausuren (im Englischen „Retreats"), die von einem Tag bis zu drei Monaten dauern können. Klausuren werden in der Regel in Stille, also schweigend, geführt, bis auf Unterweisungen, Interviewgesprächen mit den Lehrern und einen täglichen Vortrag durch einen Lehrenden (im Englischen „Dharma talk"). Ein typischer Tag beginnt gegen 5 Uhr 30 morgens und endet gegen 21 Uhr 30. Ein einfacher Stundenplan, bei dem zwischen sitzender und gehender Meditation abgewechselt wird, und einen Zeitraum für Arbeitsmeditation einschließt, ermöglicht die Entwicklung der Achtsamkeit über den gesamten Tag hinweg.

Obwohl amerikanische *Vipassana* Schüler überwiegend Laien sind, ermöglichen ihnen die Klausuren mit der Unterstützung durch andere, mit der Einfachheit und dem Fokus zu üben, die normalerweise mit einem klösterlichen Leben verbunden sind. In gewissem Sinne bieten diese Klausuren die Vorteile und Nutzen eines zeitweiligen klösterlichen Lebens. Intensive Klausuren in Abwechslung mit Zeiten der Praxis in der Welt des Alltags sind ein Kennzeichen der amerikanischen *Vipassana*-Bewegung.

Vielleicht entspricht unsere westliche Art des Laientums dem Leben der Theravada Waldmönche, die in der Geschichte oft diejenigen waren, die sich der Übung der Meditation widmeten. Diese Einfachheit unterstützt nicht nur die Entwicklung tiefer, intimer Achtsamkeit, sie ermöglicht auch die Entdeckung der Einfachheit der Freiheit selbst.

Anhang II

Das Einsichtsmeditationszentrum der San Franzisko Halbinsel

Die Mission
Das Einsichtsmeditationszentrum der San Franzisko Halbinsel (Insight Meditation Center of the Mid-Peninsula— IMC) ist dem Studium und der Praxis buddhistischer Ideale gewidmet—der Achtsamkeit, der Ethik, dem Mitgefühl, der liebenden Güte und der Befreiung. Im Herzen aller IMC Aktivitäten liegt die Übung der Einsichtsmeditation, auch Achtsamkeits- oder *Vipassana*-Meditation genannt. Diese Praxis, gestützt auf eine 2500 Jahre alte buddhistische Lehre, hilft uns unserem Leben auf den Grund zu gehen um es tiefer und klarer zu erkennen. Mit Einsicht entwickeln wir Wege und Möglichkeiten friedlicher, mitfühlender und weiser zu leben.

Tägliche Übung bildet das Fundament der Einsichtsmeditationspraxis: tägliches Meditieren und die Übung von Achtsamkeit und Mitgefühl in unserem

Alltag. Die buddhistische Tradition legt auch großen Wert auf Meditationsklausuren (Retreats), die manchmal nur einen Tag dauern, intensive Retreats auch länger. Es ist die Mission unseres Zentrums in den Übungen der Meditation und der Retreats fest verwurzelt zu bleiben. Von dieser kontemplativen Quelle aus bemühen wir uns aktiv Wege zu finden, die unseren Praktikern helfen, das spirituelle Leben in alle Aspekte ihres Lebens zu integrieren und es täglich anzuwenden.

Leitbild
  Unser Leitbild für das IMC ist ein in der Gemeinde und der Öffentlichkeit verankertes Meditationszentrum zu sein, wo die Praktiken und Lehren der Einsichtsmeditation den in Städten lebenden Menschen zugänglich gemacht werden. Das IMC hat sechs miteinander verflochtene Tätigkeitsbereiche:
  1. Einen einfachen und ruhigen Ort anzubieten, wo sich inmitten der Wirrungen des Stadtlebens ein geschütztes kontemplatives Dasein entwickeln kann.
  2. Buddhistische Lehren und Gelegenheit für Meditationsübungen anzubieten, die die Einsichtsmeditation ergänzen und ein ausgeglichenes spirituelles Leben, von buddhistischer Perspektive aus, unterstützen.
  3. Ein Platz zu sein, wo die Menschen zusammen kommen können, um ihre Praxis weiter zu entwickeln und sie in und durch ihr familiäres, gesellschaftliches und gemeinschaftliches Leben auszudrücken.

4. Eine Anzahl verschiedener Gastlehrer einzuladen, um unsere IMC Gemeinde und die interessierte Öffentlichkeit mit einer Reihe von buddhistischen Praktiken und Auffassungen bekannt zu machen.
5. Ein naheliegendes Retreatzentrum einzurichten, d.h. ein separates Gebäude mit Meditationssaal, großer Küche und genug Schlafräumen um alle Retreatteilnehmer zu beherbergen und zu verköstigen, das eine Anzahl verschiedener Programme für stationäre Retreats anbietet.
6. Alle Veranstaltungen, einschließlich der stationären Retreats kostenlos anzubieten.

Als wesentlicher Mittelpunkt dieses Leitbilds bietet die IMC Gemeinde Programme wie Meditationssitzungen, Klassen, Gruppendiskussionen, Dharma Talks (Vorträge über buddhistische Lehren und Praktiken) und Konferenzen mit Lehrern. Meditations- und Studienklausuren für einen oder für zwei Tage werden geboten, wie auch mehrere stationäre Retreats, die gegenwärtig in naheliegenden Zentren mit Übernachtungsmöglichkeiten abgehalten werden.

Geschichte

IMC begann 1986 als eine kleine, mit dem Spirit Rock Meditation Center verbundene Meditationsgruppe. Sie wurde von Howard und Ingrid Nudelman organisiert, und die Mitglieder trafen sich an verschiedenen Orten in Palo Alto. Während der ersten zwei Jahre kam Howard Cohn, ein Spirit Rock Lehrer, von San Franzisko um die Meditationssitzungen zu leiten.

1990 lud Howard Nudelman Gil Fronsdal ein, als regelmäßiger Lehrer die Montagabend Sitzungen zu leiten. Zu der Zeit war Gil in der Spirit Rock Lehrerausbildung, die von Jack Kornfield geleitet wurde, und arbeitete gleichzeitig an seinem Doktorat für Buddhistische Studien an der Stanford University. Die Meditationsgruppe in Palo Alto zu leiten war also ein natürlicher Schritt in seiner Laufbahn als Lehrer. Der Gründer, Howard Nudelman, starb 1991 an Krebs.

Bald hatte sich die Gruppe auf ungefähr 40 Menschen erweitert, und und da ein größerer Versammlungsraum benötigt wurde, zogen wir im September 1993 in das Quaker Friends House in der Colorado Straße in Palo Alto.

Infolge der immer größer werdenden Teilnehmerzahl begannen wir unsere Programme zu erweitern. Tagesretreats, Einführungskurse in die Achtsamkeitsmeditation, wie auch Liebende Güte und Sutta Studien wurden an verschiedenen Lokalitäten angeboten. Wir führten 1994 die Donnerstagabend-Sitzungen ein, die hauptsächlich den neueren Meditierenden gewidmet waren; ein monatliches Kinderprogramm begann 1996 und das Sonntagmorgen-Meditationsprogramm in Portola Valley im Jahr 1999. Terry Lesser begann 1997 ihre Yogaklassen vor den Montagabend-Sitzungen im Friends' Meeting House anzubieten.

Im Jahr 1996 gründeten Gil und eine Gruppe Darmastudenten aus der weiteren Bay Area das Sati Zentrum für Buddhistische Studien. Diese Gruppe fördert das Studium der buddhistischen Lehren mit einer sich gegenseitig stützenden Kombination von wissenschaftlicher Forschung und Meditationspraxis. Durch sie wurden im IMC Seminare mit vielen leitenden buddhistischen Gelehrten, Lehrern und Ordensgeistlichen möglich. 2001 gründete Gil, teilweise als eine persönliche Reaktion auf die Vorkommnisse vom 11. September, durch das Sati Zentrum ein buddhistisches Schulungsprogramm für Seelsorger. Wir sind sehr dankbar, dass diese Ausbildung im IMC stattfinden kann.

Obwohl das IMC während der neunziger Jahre blühte und gedieh, waren doch die Möglichkeiten alle Menschen und Programme in den verschiedenen gemieteten Lokalitäten unterzubringen beschränkt und schwierig. Die Lernenden aus der Zeit werden sich noch erinnern, sich mit Gil zu einer Unterredung in Stadtparks oder bei einer Tasse Tee im alten Café Verona in Palo Alto getroffen zu haben.

Im Herbst 1995 beschlossen wir uns offiziell eintragen zu lassen und begannen die Suche nach einem eigenen Gebäude. Das IMC wurde 1997 als eine gemeinnützige religiöse Organisation eingetragen, und daraufhin hielten wir 1998 eine Spendenaktion—ein elegantes Essen für die ganze Sangha in der St. Marks Kirche. Als erste Möglichkeit fanden wir die alte AME Zion Kirche in Palo Alto. Obwohl aus diesem Kauf nichts wurde, diente sie doch als Anstoß für das IMC und die Spendeneinnahmen stiegen beträchtlich. Unser Gremium schuf eine Organisationsstruktur, die es möglich machte ein Zentrum zu erstehen und zu führen.

Anfang des Jahres 2001 wurde das IMC mit den Pastoren der First Christian Assembly Church in Redwood City bekannt gemacht. Eine enge Freundschaft entstand. Die Kirche, die 1950 gebaut war, hatte ihre eigene Tradition der stillen Meditation, und die Pastoren freuten sich, diese gemeinsamen Werte im IMC wiederzufinden. Am 28. November 2001 erstand das IMC die Kirche unter sehr günstigen Bedingungen. Mit Begeisterung und viel harter Arbeit von Seiten unserer freiwilligen Helfer wurde die Kirche in ein Meditationszentrum verwandelt. Wir feierten die Einweihung am 13. Januar 2002 mit vielen Gästen aus anderen Bay Area Dharma Zentren und der Verteilung von Gils Buch „Es liegt in deiner Hand." Dank der Großzügigkeit der Sangha konnten wir die Hypothek im Jahre 2005 abbezahlen.

Wie vorausgesehen hatte der Besitz eines eigenen Gebäudes eine rapide Erweiterung unserer Programme zur Folge. Viermal die Woche haben wir regelmäßige Meditationssitzungen, bieten fast jeden Abend verschiedene Meditations- oder Studienklassen, haben regelmäßige Tagesretreats, ein ein-Jahr Dharma Studienprogramm, Gastlehrer, einschließlich besuchende Mönche und Nonnen, sowie viele zusätzliche Veranstaltungen. Eine Gruppe—die Dharma Friends—organisiert gesellige und meditationsverbundene Veranstaltungen, die ein tieferes Gefühl der Verbundenheit und Freundschaft innerhalb des IMC fördern. Im Jahr 2000 begannen wir aufgezeichnete Dharma Talks online zur Verfügung zu stellen. Durch das „Audiodharma" mit seiner weitreichenden Auswirkung von podcasting erstreckt sich unsere „Cybersangha" nun in über 80 Länder mit hundertausenden von Downloads pro Jahr.

Retreats waren fast von Anfang an ein wichtiger Teil unserer angebotenen Programme. Seit 1991 geben wir monatlich Tagesretreats, die ersten in der Palo Alto Unitarian Church und später dann in der St. Mark Episcopal Church in Palo Alto. Am Memorial Day Wochenende 1994 hatten wir unser erstes Retreat im Jikoji Zen Center in den Bergen von Santa Cruz. Über die Jahre kamen zusätzliche Retreats im Jikoji und längere in Hidden Villa im ländlichen Teil von Los Altos dazu. Im Vertrauen auf die Großzügigkeit unserer Sangha beschlossen wir 2003 alle stationären Retreats kostenlos, nur auf Spenden gestützt, wie alle unsere anderen Programme, anzubieten.

Seit längerer Zeit hegte Gil den Wunsch ein nahegelegenes, stationäres Retreatzentrum zu gründen, wo das IMC auf Spendenbasis eine große Auswahl an Retreatprogrammen anbieten könnte. Im Jahr 2004 teilte er diesen Traum mit der Sangha. Angespornt von einer großen Spende eines Gemeindemitglieds, begannen wir im Jahr 2006 mit Spendenaktionen für dessen Umsetzung. Die Idee war auch der Anstoß für Veränderungen in unserer Organisation. Seit 2007 beaufsichtigt ein Vorstand ein Team von fünf Direktoren, die mehr als 140 freiwillige Helfer koordinieren, deren Praxis der Großzügigkeit und

Hilfsbereitschaft den täglichen Betrieb und die Instandhaltung des IMC ermöglichen.

Nach fünf-jähriger Suche erstand das IMC ein früheres Altenheim auf einem rund 1.100 Quadratmeter (2,8 acre) großen und wunderschön angelegten Stück Land, das in der ländlichen Gegend von Scotts Valley liegt, 50 Autominuten von unserem Zentrum entfernt. Wir haben Pläne den Besitz zu renovieren, so dass 40 Retreat-Teilnehmer untergebracht werden können, und die Möglichkeit geschaffen wird, sich für längere Zeitabschnitte der intensiven Meditationspraxis in einem fördernden Umfeld zu widmen.

www.ingramcontent.com/pod-product-compliance
Lightning Source LLC
Chambersburg PA
CBHW060521100426
42743CB00009B/1398